studio [21]

Intensivtraining
mit Hörtexten

A2

von Rita von Eggeling

Cornelsen

studio [21]
Intensivtraining A2 mit Hörtexten

Herausgegeben von Hermann Funk und Christina Kuhn
Im Auftrag des Verlages erarbeitet von Rita von Eggeling

In Zusammenarbeit mit der Redaktion:
Andrea Finster, Berlin
Gertrud Deutz (Redaktionsleitung)

Illustrationen: Andrea Naumann: S. 13, 23, 31, 51, 68, 78; Andreas Terglane
Technische Umsetzung: zweiband.media, Berlin
Umschlaggestaltung und Layout: Klein & Halm Grafikdesign, Berlin

Informationen zum Lehrwerksverbund **studio [21]** finden Sie unter www.cornelsen.de/studio21.

www.cornelsen.de

Soweit in diesem Lehrwerk Personen fotografisch abgebildet sind und ihnen von der Redaktion fiktive Namen, Berufe, Dialoge und Ähnliches zugeordnet oder diese Personen in bestimmte Kontexte gesetzt werden, dienen diese Zuordnungen und Darstellungen ausschließlich der Veranschaulichung und dem besseren Verständnis des Inhalts.

Die Webseiten Dritter, deren Internetadressen in diesem Lehrwerk angegeben sind, wurden vor Drucklegung sorgfältig geprüft. Der Verlag übernimmt keine Gewähr für die Aktualität und den Inhalt dieser Seiten oder solcher, die mit ihnen verlinkt sind.

1. Auflage, 1. Druck 2015

Alle Drucke dieser Auflage sind inhaltlich unverändert und können im Unterricht nebeneinander verwendet werden.

Druck: Firmengruppe APPL, aprinta Druck, Wemding

ISBN: 978-3-06-520575-7

PEFC
PEFC/04-32-0928

PEFC zertifiziert
Dieses Produkt stammt aus nachhaltig bewirtschafteten Wäldern und kontrollierten Quellen
www.pefc.de

Inhalt

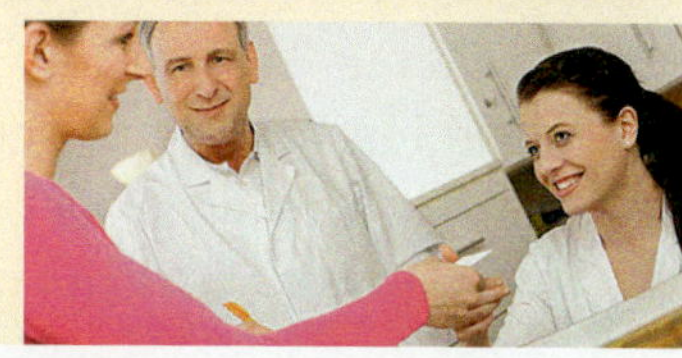

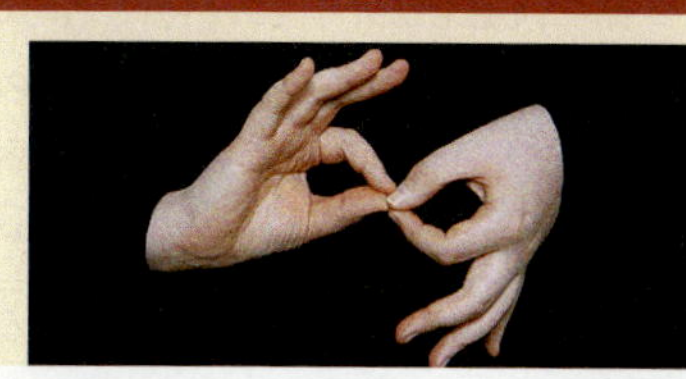

Willkommen in A2

1 Brücken verbinden Menschen und Kulturen

a) Lesen Sie und ergänzen Sie im Text am Ende die Lösung.

Nicht nur Brücken aus Holz, Stein oder Metall verbinden Menschen und Kulturen. Es gibt noch andere Verbindungen. Man braucht für diese Brücken auch keinen Ingenieur oder Bauarbeiter. Man kann nicht über sie gehen oder fahren, aber man kann mit ihnen sehr gut reisen. Sie „leben", denn sie bleiben nicht immer gleich und viele existieren heute schon gar nicht mehr.

Manche heißen „Inseln", aber sie liegen nicht im Wasser. Sie sind ganz anders als alle ihre Nachbarn. Insgesamt gibt es heute etwa 6500. Die meisten ‚leben' in einer von 180 Familien und eine von ihnen ist unsere Mutter. Einen Vater gibt es nicht. Die meisten anderen kennen wir nicht. Zum Glück können wir sie lernen. Manchmal ist das aber gar nicht so einfach, denn es gibt viele verschiedene Zeichen und Systeme und jede hat etwas andere Regeln.

Mit ihnen organisieren wir Menschen unser ganzes Leben. Wir brauchen sie jeden Tag zu Hause, unterwegs, in der Schule und im Beruf für den „Transport" von Informationen, Geschichten und Gefühlen. Und wir brauchen nicht nur eine, denn nur so können wir mit Menschen aus anderen Ländern kommunizieren und uns verstehen. .... sind sehr wichtige Brücken. Sie verbinden Menschen und Kulturen. Schön, dass Sie Deutsch lernen!

b) Lesen Sie die Definitionen und ergänzen Sie passende Wörter aus dem Text.

1. Sprach................ *die*;-n: Das ist der Name für eine Gruppe von Sprachen. Chinesisch ist z. B. nicht in der Gruppe mit Deutsch und Niederländisch. Die Zeichen sehen ganz anders aus!
2. ....sprache *die*; -n: Diese Sprache sprechen alle Menschen, aber sie ist nicht immer gleich. Wir lernen sie schon als Kind.
3. Sprach................ *die*; -n: Die Muttersprache in dieser Region kommt aus einer anderen Familie als in den Nachbarregionen. In Südosteuropa leben zum Beispiel in der Region Banat in Rumänien Menschen mit Deutsch als Muttersprache. Ihre Familien sind schon vor über 200 Jahren aus Österreich und Süddeutschland gekommen und sie sprechen immer noch Deutsch. Die Landessprache ist aber Rumänisch.

2 Berufsbilder aus studio [21]

a) Wer macht was? Ergänzen Sie die Verben. Kreuzen Sie dann zu jedem Beruf zwei Tätigkeiten an.

beraten – ~~bestellen~~ – bringen – helfen – leiten – kontrollieren – ~~machen~~ – planen – schreiben – verkaufen

		Sekretär/in	Koch/Köchin	Krankenpfleger/in	Fitnesstrainer/in	Verkäufer/in
1.	Sportkurse	☐	☐	☐	☐	☐
2.	Lebensmittel *bestellen*	☐	☐	☐	☐	☐
3.	Essen	☐	☐	☐	☐	☐
4.	Kleidung	☐	☐	☐	☐	☐
5.	Sportgeräte	☐	☐	☐	☐	☐
6.	Kunden	☐	☐	☐	☐	☐
7.	Patienten	☐	☐	☐	☐	☐
8.	Menüs	☐	☐	☐	☐	☐
9.	E-Mails	☐	☐	☐	☐	☐
10.	Termine *machen*	☐	☐	☐	☐	☐

b) Wo arbeiten die Personen? Suchen Sie die anderen vier Arbeitsorte und schreiben Sie die Nomen mit Artikel und Pluralform.

F	I	T	N	E	S	S	S	T	U	D	I	O
T	K	T	T	U	P	R	E	S	G	V	I	K
B	R	E	S	T	A	U	R	A	N	T	O	M
D	A	Y	V	V	I	S	T	D	W	U	G	K
E	N	X	E	E	S	C	H	M	F	L	E	Ö
S	K	G	P	E	R	S	T	J	R	T	S	M
V	E	V	S	S	B	Ü	R	O	K	L	C	T
U	N	K	H	A	U	M	N	B	O	R	H	A
A	H	N	N	O	P	Q	Z	T	E	R	Ä	N
W	A	L	L	U	C	H	M	I	E	R	F	E
N	U	M	M	A	L	A	M	D	E	R	T	B
P	S	T	R	E	C	H	S	C	H	A	F	E

das Krankenhaus, ¨-er ....

....

....

....

....

3 Was machen Sie beruflich? Drei Personen erzählen. Ordnen Sie die Texte den Berufen zu.

02

a ☐ Köchin b ☐ Krankenpflegerin c ☐ Sekretärin d ☐ Lehrerin
e ☐ Trainerin f ☐ Taxifahrerin g ☐ Frisörin

1 Leben und lernen in Europa

1 Menschen ohne Arbeit und freie Arbeitsplätze – Wie passt das zusammen?

a) Markieren Sie im Text alle Gründe für die Probleme auf dem Arbeitsmarkt.

Auch in Deutschland gibt es viele Menschen ohne Arbeit. Aber es gibt noch ein anderes Problem. Die Bundesagentur für Arbeit hat in ganz Deutschland freie Arbeitsplätze, zum Beispiel für Ingenieure oder für Krankenpfleger und Ärzte. Es fehlen Menschen mit einer Ausbildung in diesen Berufen.

Jochen M. kennt das Problem. Er hat eine Firma auf dem Land und braucht Ingenieure und Techniker aus der Energietechnik. Die Suche nach guten Mitarbeitern ist gar nicht so einfach. Viele Interessierte möchten nicht in ein Dorf oder eine Kleinstadt umziehen. Jochen M. meint, „In Deutschland gibt es nicht genug Frauen in technischen Berufen. Viele gut ausgebildete Ausländer und Ausländerinnen sehen ihre Job-Chance in Deutschland. Aber leider bekommen Leute aus dem Ausland oft keine Arbeitserlaubnis. Das muss anders werden."

Klara S. aus Berlin sieht das genauso. Sie ist Personalchefin bei einem großen Pflegedienst. In der Hauptstadt gibt es viele kranke und ältere Menschen.

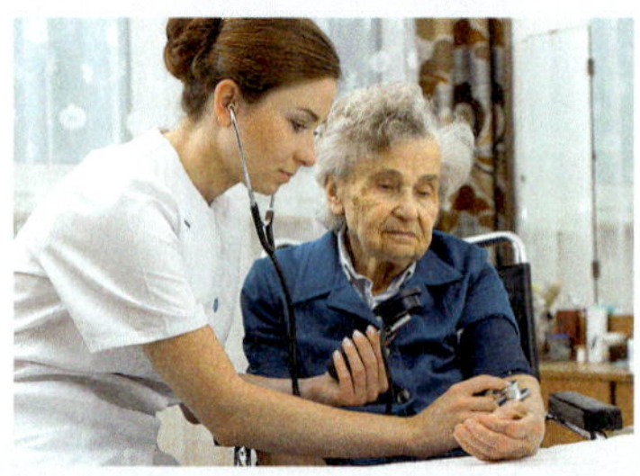

Sie oder ihre Familien brauchen oft Hilfe. Die Arbeit in der Pflege ist nicht immer einfach und in den Pflegeberufen verdient man auch nicht sehr gut. „Seit ein paar Jahren arbeiten immer mehr Frauen und Männer aus dem Ausland bei uns. Sie müssen den Beruf gelernt haben, eine Arbeitserlaubnis haben und Deutsch können. Am Anfang haben manche bei der Arbeit noch Probleme mit der Sprache. Wir brauchen sie aber wirklich und wollen sie nicht verlieren. Deshalb organisieren wir seit einigen Jahren Deutschkurse für sie. Das war eine richtige Entscheidung.", sagt die Personalchefin.

In einigen Bundesländern fehlen auch Ärzte, besonders auf dem Land, weiß Prof. Brenner von der medizinischen Fakultät der Universität Kiel. „Viele junge Ärzte wollen lieber im Ausland als auf dem Land in Deutschland arbeiten. Dort verdienen sie auch mehr. Immer mehr Arztpraxen auf dem Land müssen schließen.", sagt er. Aber es gibt in Deutschland auch immer mehr Mediziner aus dem Ausland. Viele von ihnen haben schon in Deutschland studiert. Sie haben die Sprache gelernt, Freunde gefunden und möchten gerne im Land bleiben. „Diese Kollegen und Kolleginnen sind bei uns herzlich willkommen.", meint Prof. Brenner.

b) Warum? Lesen Sie den Text noch einmal. Ordnen Sie den Fragen die Sätze a–e zu und schreiben Sie Antworten mit *weil* in Ihr Heft.

1. [b] Warum gibt es freie Stellen auf dem deutschen Arbeitsmarkt?

   Weil viele Menschen ohne Arbeit nicht ...

2. [ ] Warum gehen viele junge deutsche Ärzte ins Ausland?
3. [ ] Warum hat Jochen M. Probleme bei der Suche nach Mitarbeitern?
4. [ ] Warum organisiert der Pflegedienst in Berlin Deutschkurse für ausländische Mitarbeiter?
5. [ ] Warum arbeiten nicht mehr Deutsche in Pflegeberufen?

a Die Firma ist auf dem Land.
b Viele Menschen ohne Arbeit haben nicht die richtige Ausbildung für die freien Stellen.
c Die Arbeit ist manchmal hart und man verdient in den Berufen nicht viel Geld.
d Viele haben am Anfang im Beruf noch Probleme mit der Sprache.
e Sie möchten nicht auf dem Land leben.

2 Zu spät

a) Lesen Sie die Antworten und schreiben Sie passende Fragen.

- Ich warte schon seit einer Stunde. *Warum kommst du zu spät?* ……
- Weil ich den Bus verpasst habe.
- *Warum hast du* …… ?
- Weil der Deutschkurs so lange gedauert hat.
- …… ?
- Das ist doch jetzt egal.
- *Und warum hast du* …… ?
- Weil ich deine Telefonnummer nicht hatte.
- …… ?
- Weil ich mein Handy verloren habe. Und jetzt frag´ bitte nicht, warum!

03 **b) Hören Sie den Dialog und vergleichen Sie Ihre Lösung aus a).**

04 **c) Hören Sie jetzt nur die Fragen. Antworten Sie und achten Sie auf die Intonation.**

3 Mama lernt Deutsch – Papa auch. Schreiben Sie Sätze mit *weil*.

1. In Deutschland leben viele Familien aus dem Ausland. Oft sprechen die Mütter nur wenig oder gar kein Deutsch. Sie haben nur wenig Kontakt zu Deutschen.

   Oft sprechen die Mütter nur wenig oder gar kein Deutsch, *weil sie nur wenig Kontakt zu Deutschen haben.* ……

2. Die Mütter können den Kindern oft nicht bei Problemen mit den Hausaufgaben helfen. Sie verstehen die Sprache nicht.

   Oft können die Mütter nicht bei den Hausaufgaben helfen, ……

   ……

3. Besonders die Mütter von Schulkindern brauchen Hilfe. In vielen Bundesländern gibt es seit 2003 das Projekt „Mama lernt Deutsch".

   Seit 2003 gibt es das Projekt „Mama lernt Deutsch", ……

4. Der Unterricht ist ein halbes Jahr lang zweimal pro Woche am Vormittag. Die meisten Kinder sind am Vormittag in der Schule.

   Der Deutschunterricht ist vormittags, ……

4 Mein Weg nach Deutschland

05

a) Mit wem spricht Esperanza? Hören Sie das Gespräch und kreuzen Sie an.

a ☐ mit ihrer Deutschlehrerin b ☐ mit einer Kollegin c ☐ mit einer Personalchefin

b) Hören Sie das Gespräch noch einmal und bringen Sie die Stationen in die richtige Reihenfolge.

a ☐ den Arbeitsplatz verloren
b ☐ das Studium abgeschlossen
c ☐ nach Berlin umgezogen
d ☐ Deutsch gelernt
e ☐ ein Praktikum gemacht
f ☐ Arbeit gesucht

c) Warum...? Lesen Sie die Fragen, hören Sie noch einmal und schreiben Sie Antworten.

1. Esperanza hat in Spanien an der Universität Deutsch gelernt, *weil* ....
2. Sie hatte gleich nach dem Praktikum im *Mirasol* sofort Arbeit, *weil das Hotel* ....
3. Dann kam die Krise und die Miete war ein Problem, ...
4. Esperanza ist nach Berlin umgezogen, ...
5. Bald möchte sie zurück nach Spanien fliegen, ...
6. Sie meint, sie kann dort im Sommer Arbeit finden, ...

5 Adjektive wiederholen

a) Ergänzen Sie das Gegenteil.

alt – gesund – gut - interessant – klein – lang – leicht – schnell – teuer – wenig

1. groß – ....
2. kurz – ....
3. neu – ....
4. krank – ....
5. billig – ....
6. langweilig – ....
7. schwer – ....
8. langsam – ....
9. viel – ....
10. schlecht – ....

b) Hören Sie die Adjektivpaare und lesen Sie laut mit.

06

Lerntipp
Adjektive lernt man am besten in Paaren!

6 Komparativ. Ergänzen Sie wie im Beispiel.

1. Eva arbeitet bei Bosch in Stuttgart. Sie ist zu Fuß <u>schnell</u> in der Firma, aber mit dem Fahrrad ist sie *schneller* da.
2. Sie spricht <u>gut</u> Chinesisch, aber .... Englisch.
3. Sie macht <u>viele</u> Geschäftsreisen nach England, aber .... Reisen nach Asien.
4. Sie arbeitet <u>oft</u> im Ausland, aber .... am Computer in ihrem Büro.
5. Sie hat <u>wenig</u> Zeit für ihre Freunde und sie hat noch .... Zeit für Sport.
6. In ihrer Freizeit geht Eva <u>gern</u> ins Theater, aber .... ins Kino.

7 Vergleiche mit *als*. Welche Adjektive aus 5 passen?

1. Ein Haus ist *teurer als* eine Wohnung.
2. Salat ist .... Pommes.
3. Die Bosporus-Brücke ist .... die Krämerbrücke in Erfurt.
4. Ein Wasser kostet oft .... als ein Bier.
5. Ein eBook ist .... als ein Buch.
6. Ein Auto fährt .... ein Bus.
7. Der Weg von München nach Leipzig ist .... der Weg von München nach Berlin.

8 Superlative. Ergänzen Sie die Sätze wie im Beispiel.

1. schnell:
   - Ich habe gehört, der Windhund ist *das schnellste* Tier auf dem Land.
   - Nein, das stimmt nicht. Der Gepard ist *am schnellsten*.
   - Bist du sicher?
2. groß:
   - Ist Australien die .... Insel der Welt?
   - Von allen Inseln ist Grönland .... Australien ist ein Kontinent.
   - Ach, das wusste ich nicht.
3. kurz:
   - Der .... Weg von München nach Italien führt durch die Schweiz.
   - So ein Quatsch! Der Weg über Österreich ist ....
4. gut:
   - Mir schmeckt der Wein aus Frankreich ....
   - Das sehe ich anders. Der .... Wein kommt aus Kalifornien!
5. langweilig:
   - Endlich! Das war der .... Film in meinem ganzen Leben.
   - Findest du? Für mich war Titanic ....
   - Warum das denn? Der war doch toll!

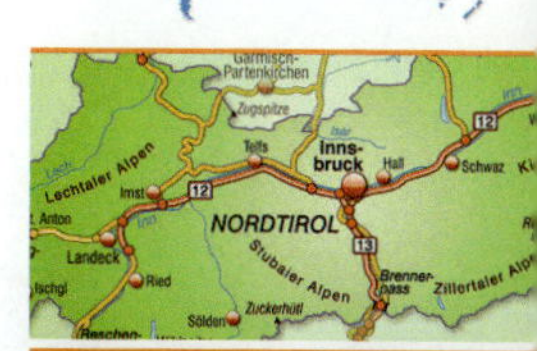

9 Wünsche. **Welches Verb passt zu den Wörtern aus Einheit 1? Ergänzen Sie *haben* oder *machen*.**

1. Ich komme aus Vietnam und habe viele **Wünsche**: Ich möchte einen **Intensivkurs** .... und richtig gut Deutsch lernen. Dann möchte ich mehr **Kontakt** zu Deutschen in meinem Alter ...., hier Biologie studieren und ein gutes **Examen** .... Später möchte ich im Beruf **Erfolg** ....

2. Ich habe in Marokko in der Werkstatt von meinem Onkel meinen Beruf gelernt. Ich bin Mechatroniker und möchte einfach nur eine **Chance** auf dem deutschen Arbeitsmarkt .... Vielleicht .... ich bald ein **Praktikum** in einem großen Autohaus. Ich .... eine **Arbeitserlaubnis**, aber ich .... leider auch das **Gefühl**, man braucht mich hier nicht wirklich.

10 Michael Sommer lernt eine neue Kollegin kennen.

a) **Ordnen Sie den Dialog.**

- ☐ Ich bin auch erst gestern Abend aus Hongkong zurückgekommen.
- ☐ Ich spreche Englisch und lerne noch Chinesisch. Und Sie?
- ☑ 1 Hallo. Sind Sie neu hier?
- ☐ Marketing. Ich organisiere den Verkauf in Asien.
- ☐ Ich heiße Michael Sommer. Willkommen in der Firma!
- ☐ Wohin denn?

- ☐ Vielen Dank! In welcher Abteilung arbeiten Sie?
- ☐ Nach Osteuropa. Das ist aber nicht so weit. Sprechen Sie viele Sprachen?
- ☑ 2 Ja, ich habe vor einer Woche angefangen. Mein Name ist Elena Krawietz.
- ☐ Neben Deutsch spreche ich noch Polnisch, das ist meine Muttersprache, Englisch und Russisch.
- ☐ Das ist ja interessant. Ich muss auch bald viel reisen.
- ☐ Marketing? Das ist auch meine Abteilung. Ich habe Sie aber noch nie hier gesehen.

07 b) **Hören Sie und vergleichen mit Ihrer Lösung in a).**

11 Das schönste deutsche Wort

a) Sehen Sie sich noch einmal Seite 21 im Kursbuch an. Finden Sie zu jedem Wort zwei Erklärungen. Ordnen Sie dort das passende Wort zu.

a Rascheln
b Sommerregen
c die Pusteblume
d Sternschnuppe
e Kichererbse
f Rhabarbermarmelade

1 Manchmal kann man nachts am Himmel ganz kurz einen hellen Streifen sehen. Das ist dann oft eine [d]

2 ___ ist eine harte Frucht. Sie ist in vielen Ländern wie zum Beispiel in Indien, Marokko oder Ägypten ein wichtiges Lebensmittel.

3 Die ___ ist etwas sauer, aber viele Menschen mögen sie sehr gern. Sie essen sie zum Beispiel zum Frühstück auf Brot.

4 Eine ___ ist ziemlich selten. Manche Menschen glauben, sie bringt Glück. Man darf sich etwas wünschen, aber man darf den Wunsch nicht laut sagen.

5 ___ beschreibt einen leisen Ton. Man hört ihn zum Beispiel beim Öffnen der Seiten in einem Buch.

6 Der ___ ist besonders schön, weil das Wasser die Pflanzen in Parks und Gärten frisch macht. Danach liegt ein besonders guter Geruch in der Luft.

7 Man kann die ___ nicht im Blumengeschäft kaufen, aber man sieht sie im Frühling oft in der Natur, zum Beispiel an der Straße. Sie ist zuerst gelb und später weiß.

8 Das Wort ___ klingt lustig, weil kichern ein anderes Wort für lachen ist.

9 Nicht alle Menschen mögen ___. Aber das Wort mit den vielen Rs hat einen besonders schönen Klang.

10 Viele Kinder finden die ___ toll. Sie halten sich die Blume vor den Mund und pusten. Dann fliegen viele kleine weiße „Blumen" durch die Luft. Das sieht lustig aus.

11 In dieser Jahreszeit ist es oft heiß. Natur und Menschen brauchen dann Wasser und freuen sich über den ___.

12 Im Herbst verlieren die Bäume das Laub. Das ___ beim Gehen hört sich schön an.

b) Ordnen Sie jetzt den Fotos die Wörter aus a) zu.

1 ___

2 ___

3 ___

4 ___

5 ___

6 ___

2 Familiengeschichten

1 Eine Oma für Paul. Lesen Sie den Text. **Lösen Sie dann die Aufgaben a) und b).**

Das ist Oma May mit Paul. Paul ist jetzt schon fast drei Jahre alt. Seine Eltern, Martin und Lisa, haben vor fünf Jahren eine Wohnung gekauft und brauchen jeden Monat viel Geld für den Kredit. Leider konnte Lisa lange nicht arbeiten, weil sie keinen Kindergartenplatz für Paul gefunden hat. Aber jetzt geht der Kleine seit ein paar Monaten in den Kindergarten und Lisa arbeitet wieder bei ihrer alten Firma. Am Anfang hat sie nur von acht bis zwölf gearbeitet. Manchmal war Paul krank und Lisa ist früher nach Hause oder gar nicht zur Arbeit gegangen. Das hat ihrem Chef natürlich nicht gefallen.

„Leihoma, 65, möchte nette Kinder betreuen, Tel.: 6673894", haben Pauls Eltern vor ein paar Wochen in der Zeitung gelesen. Sie haben gleich angerufen. Frau May hat Ihnen am Telefon gesagt, dass sie selbst drei Enkelkinder hat. Leider leben sie weit weg. Lisa und Martin haben sie am nächsten Sonntag zum Kaffee eingeladen. Paul hat sich sehr gefreut, weil Frau May gleich mit ihm gespielt hat.

Jetzt holt Oma May den Kleinen an vier Tagen in der Woche um zwei Uhr vom Kindergarten ab. Dann gehen sie oft auf den Spielplatz oder in den Park. Bei Regenwetter liest Frau May Paul Kinderbücher vor und Paul malt Bilder oder baut Häuser aus Holz. Um fünf Uhr bringt sie ihn mit dem Fahrrad wieder zu seinen Eltern.

„Endlich haben wir eine gute Lösung gefunden", sagt Pauls Mama Lisa. „Frau May ist eine große Hilfe!" Lisa freut sich besonders, weil sie jetzt von Montag bis Donnerstag den ganzen Tag arbeiten kann und am Freitag frei hat. Dann holt sie Paul im Kindergarten ab und am Wochenende hat auch Martin viel Zeit für ihn. Frau May sagt: „Ich habe endlich wieder etwas zu tun. Bis ich 62 Jahre alt war, habe ich immer gearbeitet. Dann hatte ich oft Langeweile. Jetzt bin ich viel aktiver." Und was sagt Paul? „Oma May ist toll!"

a) **Was passt. Verbinden Sie die Sätze.**

Lisa und Martin	1	a	spielt sehr gern mit Oma May.
		b	gehen manchmal zusammen auf den Spielplatz.
Paul	2	c	liest Kinderbücher vor.
		d	hat jetzt keine Langeweile mehr.
Frau May, die Leihoma,	3	e	hat keine Geschwister.
		f	sind berufstätig.
Lisa	4	g	haben lange auf einen Kindergartenplatz gewartet.
		h	hatte früher Probleme am Arbeitsplatz.
Martin	5	i	hat Enkelkinder.
		j	arbeitet jetzt vier Tage in der Woche in der Firma.
Oma May und Paul	6	k	hat nur am Wochenende viel Zeit für Paul.

b) Ergänzen Sie die Sätze wie im Beispiel.

1. Frau May sagt, *dass sie wieder etwas zu tun hat.*
„Ich habe wieder etwas zu tun."
2. Lisa und Martin sagen, ...
„Wir brauchen viel Geld für die neue Wohnung."
3. Frau May erzählt, ...
„Ich habe früher immer gearbeitet."
4. Pauls Eltern sagen, ...
„Wir haben Oma May in der Zeitung gefunden."
5. Lisa und Martin finden es gut, ...
„Wir arbeiten beide wieder."
6. Sie sind der Meinung, ...
„Frau May ist eine große Hilfe!"
7. Und Paul findet, ...
„Oma May ist toll!"

2 08 **Opas 80. Geburtstag. Hören Sie den Podcast von Hannes. Ergänzen Sie die Namen.**

Anton – Elke – Heinrich – Monika – Rainer – Rolf – Sophie – Stefanie – Susanne

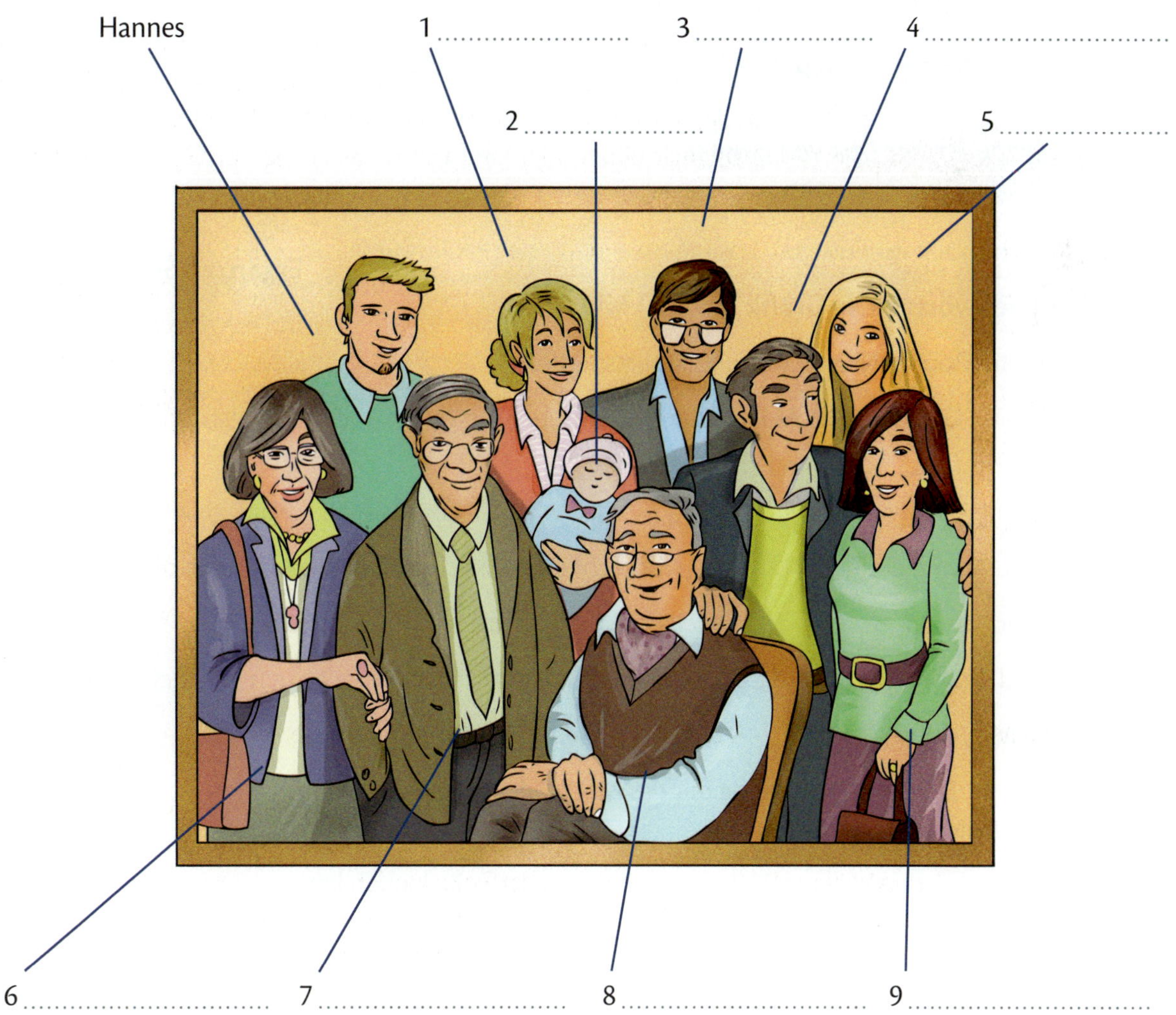

3 Familienwörter

08

a) Hören Sie noch einmal und ergänzen Sie die Grafik.

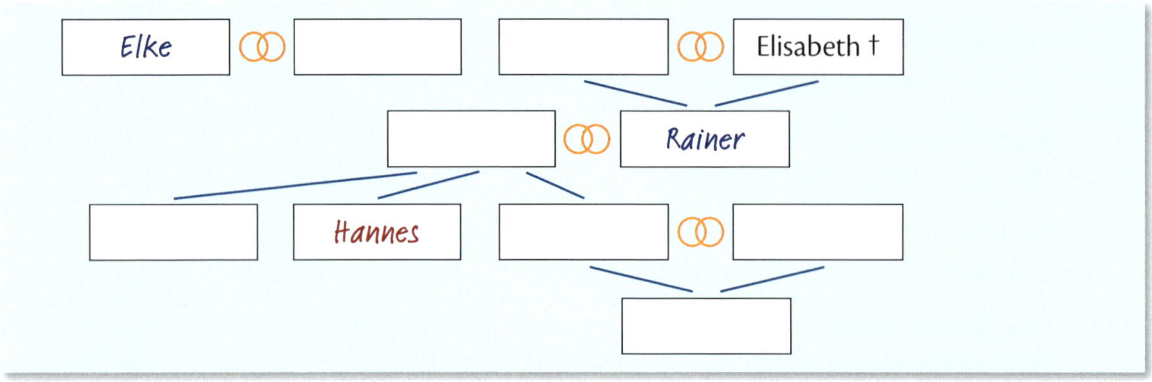

b) Was passt? Hören Sie noch einmal und verbinden Sie wie im Beispiel.

Anton		zwei	von Hannes.
Hannes		der Opa	in Elternzeit.
Stefanie	ist	die Oma	bei Hannover.
Susanne	hat	in der Freizeit	von Beruf.
Rolf	macht	eine Werkstatt	von Sophie.
Rainer		Krankenschwester	gerne Gartenarbeit.
Monika		bis August	Schwestern.

c) Schreiben Sie zu jeder Person einen Satz in Ihr Heft.

Anton ist der Opa von Hannes.

4 Monika berichtet ihrer Nachbarin von der Geburtstagsfeier. **Ergänzen Sie die Familienwörter. Die Grafik aus 3 a) hilft.**

- Hallo Monika. Na, wie war die Geburtstagsfeier?
- Schön. Und dein Schokoladenkuchen! Unsere *Kinder* waren begeistert. Danke für das Rezept.
- Gerne. Und wie hat deinem .... das Geburtstagsgeschenk gefallen?
- Gut. Aber mein .... ist nicht so glücklich. Rainer fährt lieber in die Berge.
- War deine .... auch da? Wie heißt sie noch? Sophie, oder?
- Ja, die Kleine war auch da. Sie ist wirklich süß. Am liebsten möchte ich sie jeden Tag sehen.
- Nun ja, deine .... muss ja bald wieder arbeiten.
- Genau. Dann bringt Susanne mir das Kind. Oder Rolf, mein .... Meistens hat er das Auto.
- Wie geht's denn Hannes? War er auch da? Ich habe ihn schon lange nicht mehr gesehen.
- Ja, unser .... ist auch gekommen. Er hat leider immer noch keine Freundin. Aber Stefanie hat erzählt, dass sie einen netten jungen Mann kennengelernt hat.

5 Besuch bei der Familie in Indonesien. **Schreiben Sie Sätze.**

> **Lerntipp**
>
> 
> = Akkusativ

a) **Aqil kommt aus Bandung. Das ist eine große Stadt auf der indonesischen Insel Java. Er lebt in Zürich. Im letzten August hat er seine Familie besucht. Was hat er seiner Familie geschenkt?**

1. Schwester – Teddy

2. Eltern – Buch über Zürich

3. Bruder – Uhr

4. Großmutter – Radio

1. *Er hat seiner Schwester einen Teddy geschenkt.*
2. ……………………………………………
3. ……………………………………………
4. ……………………………………………

b) **Mayang kommt auch aus Indonesien. Sie arbeitet in Deutschland und verdient ganz gut. Im letzten Monat hat sie ihre Familie besucht. Was hat sie mitgebracht?**

1. Vater – Kamera

2. Mutter – Kleid

3. Schwester – Deutschkurs auf CD

4. Bruder – Computerspiel

1. *Sie hat ihrem Vater eine Kamera geschenkt.*
2. ……………………………………………
3. ……………………………………………
4. ……………………………………………

c) **Ergänzen Sie Adjektive im Dativ. Was fällt Ihnen auf?**

Die Oma hört den ganzen Tag Musik mit dem …………………… (toll) Radio von Aqil. Sein Bruder ist von der …………………… (neu) Uhr begeistert und seine Schwester schläft nur noch mit ihrem …………………… (süß) Teddy. Der Vater von Mayang macht mit der …………………… (modern) Kamera viele Fotos und schickt sie per E-Mail nach Deutschland. Das findet Mayang sehr schön!

Die Endung bei Adjektiven im Dativ ist immer …………………….

6 Genitiv mit s. **Antworten Sie.**

1. Ist das die Freundin von Jürgen?

   Nein, das ist nicht Jürgens Freundin. ....

2. Sind das die Kinder von Ute und Martin?

   Ja, ...

3. Herr Akbar, kennen Sie die Eltern von Karin?

   Nein leider, ...

4. Gehst du mit der Schwester von Eva ins Konzert?

   Nein, ...

5. Hast du die Telefonnummer von Tante Monika?

   Ja, ...

6. Habt ihr die Brille von Mama gefunden?

   Nein, ...

7 Eine Einladung schreiben. **Ordnen Sie den Text und schreiben Sie die Einladung.**

und Freunde! – ziehen am Samstag um. – Renate und Mustafa – ist im dritten Stock. – am 1. Juni ab 15 Uhr in – Wir freuen uns – Unsere Wohnung – Die Einweihungsparty ist – mit Balkon gefunden und – der Goldstraße 17. – Liebe Freundinnen – ~~Wir haben eine schöne Wohnung~~ – auf euch!

.........................,

wir haben eine schöne Wohnung ... .

....

....

....

8 Was sagt man in diesen Situationen? **Ordnen Sie zu.**

a

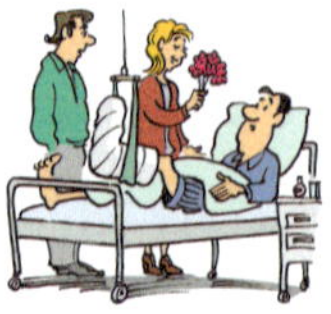
b

c

d

e

f

1. ☐ Herzlichen Glückwunsch zum Examen!
2. ☐ Alles Gute zum Geburtstag!
3. ☐ Herzlichen Glückwunsch zur Hochzeit!
4. ☐ Mein (herzliches) Beileid!
5. ☐ Herzlichen Glückwunsch zum Baby!
6. ☐ Gute Besserung!

9 **Leben in einer Großfamilie. Das sagen die fünf Kinder der Familie Schneider. Schreiben Sie die Aussagen in Nebensätzen mit *dass*.**

1.
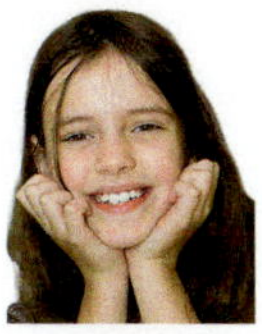

Ich finde eine große Familie toll!

Sophia, 8

Sophia sagt, *dass sie eine große Familie toll findet.*

2.

Ich habe eine Schwester und drei Brüder.

Leon, 9

Leon sagt, ...

3.

Alle helfen im Haushalt.

Michael, 13

Michael sagt, ...

4.

Ich möchte später auch so viele Kinder haben.

Gerd, 5

Gerd sagt, ...

5.

Ich spiele manchmal mit Michael und Leon Fußball.

Hannes, 11

Hannes sagt, ...

10 **Familiengeschichten. Ordnen Sie die Nebensätze und ergänzen Sie *dass* oder *weil*.**

1. Ich glaube, Florian hat seinen kleinen Schwestern nicht gesagt, *dass er eine Party gibt*.
   (eine – er – gibt – Party)
2. Oma findet es nicht gut, ...
   (deine – besuchst – Eltern – nicht – du – öfter)
3. Wir fahren dieses Jahr nicht in den Urlaub, ...
   (mein – arbeitslos – ist – Vater)
4. Mareike ist nur am Wochenende bei ihrem Vater, ...
   (Eltern – geschieden – ihre – sind)
5. Lukas hat erzählt, ...
   (heiratet – nächstes – Schwester – Jahr – seine)
6. Meine Eltern kaufen keinen Hund, ...
   (Wohnung – zu klein – ist – unsere)
7. Ich glaube, ...
   (ihren Rafael – unsere – hat – Madrid – kennengelernt – Tochter – in)

3 Unterwegs

1 Der Fahrkartenautomat. **Lesen Sie den Text und ordnen Sie die Bilder aus der Zeichnung zu.**

Der Fahrkartenautomat ist oft der schnellste Weg zur Fahrkarte für Bahn, Straßenbahn, U-Bahn und Bus. An vielen kleinen Haltestellen gibt es nur einen Fahrkartenautomaten. Manchmal kann man die Fahrkarte aber auch direkt beim Busfahrer oder am Automaten in der Straßenbahn bekommen. Viele Menschen kaufen nicht so gern am Automaten eine Fahrkarte. Sie sagen, dass das zu kompliziert ist. Es ist aber wirklich ganz einfach und viele Automaten funktionieren ähnlich. So geht's:

1. ☐ Suchen Sie Ihr Fahrziel in der Ortsliste. Neben dem Ziel finden Sie eine Nummer.
2. ☐ Geben Sie die Nummer über die Tastatur ein.
3. ☐ Wählen Sie eine Fahrkarte, zum Beispiel 1 Erwachsener. Für Ihr Fahrrad oder Ihren Hund müssen Sie auch eine Fahrkarte kaufen! Für Kinder bis sechs Jahren müssen Sie oft nichts bezahlen.
4. ☐ Der Monitor zeigt Ihnen den Preis an.
5. ☐ Sie können mit Geldscheinen und Münzen bezahlen. Manchmal können Sie auch mit Bankkarte oder Kreditkarte bezahlen.
6. ☐ Der Automat druckt jetzt Ihr Ticket, dann bekommen Sie die Fahrkarte.
7. c Jetzt müssen Sie die Fahrkarte noch entwerten. Das können Sie auf dem Bahnsteig oder in der Bahn machen.

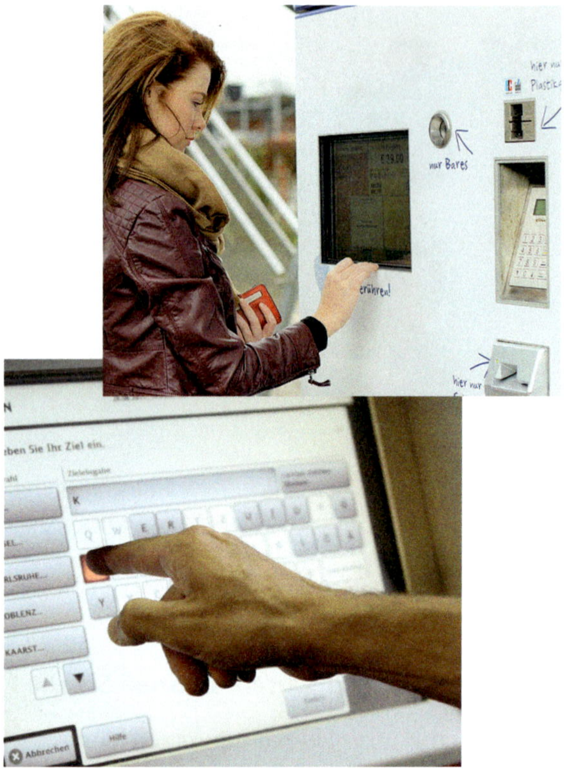

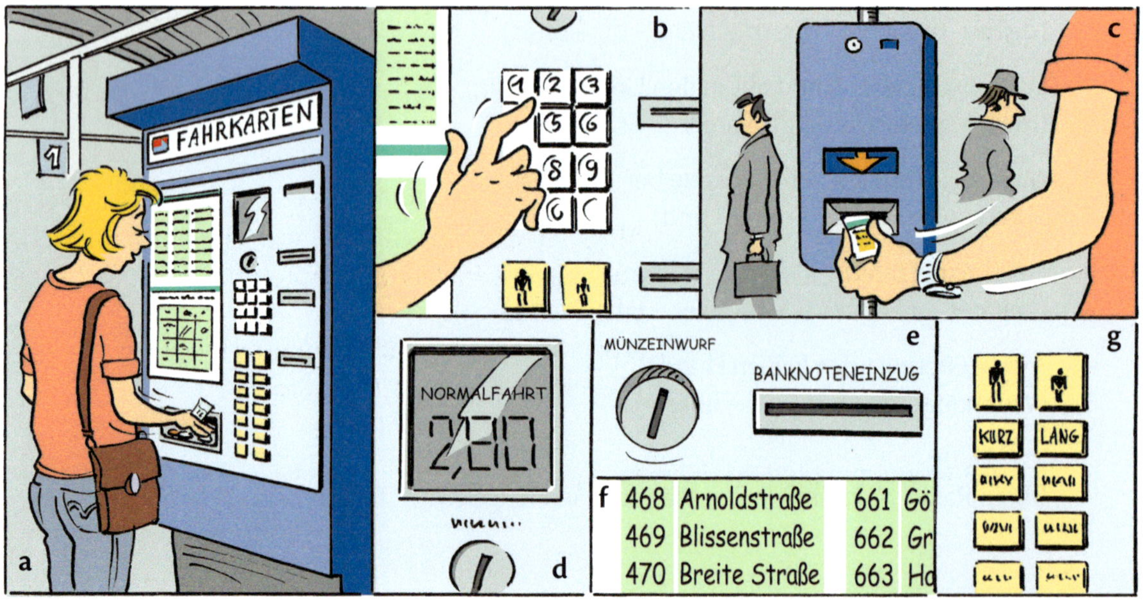

2 Eine Fahrkarte am Automaten kaufen

a) Ordnen Sie den Dialog.

Carlotta aus Schweden ist gerade in Bonn angekommen. Sie möchte ihre Freundin Anna in Bonn/ Limperich besuchen und muss noch eine Fahrkarte für die S-Bahn kaufen. Sie ruft Anna an.

Anna

- [1] Hallo, hier ist Anna Gutenberg.
- ☐ Die Nummer musst du mit der Tastatur rechts eingeben. ... Bist du fertig?
- ☐ Das macht nichts. Hast du einen 10-Euro-Schein? Der Automat gibt dir das Restgeld zurück.
- ☐ Du brauchst nur eine Fahrt, also eine einfache Fahrt. Ich bringe dich morgen mit dem Auto zum Bahnhof zurück.
- ☐ Da ist ein Fahrkartenautomat.
- ☐ Du kannst noch nicht bezahlen. Du musst zuerst noch die Fahrkarte wählen. Nimm einen Fahrschein für eine Erwachsene. Siehst du das Symbol?
- ☐ Du musst die Linie 64 nach Ramersdorf nehmen! Hast du schon eine Fahrkarte?
- ☐ Die kommt in circa fünf Minuten. Du musst in Limperich aussteigen. Ich hole dich an der Haltestelle ab. Bis gleich!
- [3] Nimm die 64 in Richtung Ramersdorf.
- ☐ Das ist ganz einfach. Links siehst du die Liste mit Zielorten. Such Limperich.

Carlotta

- [2] Hallo Anna. Ich bin's, Carlotta. Ich komme gleich. Ich bin jetzt am Bertha-von-Suttner-Platz. Welche S-Bahn-Linie fährt denn nach Limperich?
- ☐ Danke, das ist schön. So, jetzt zeigt der Monitor den Preis. 2,80 Euro. Ich habe aber kein Kleingeld.
- ☐ Nein, wo kann ich denn eine Fahrkarte kaufen?
- ☐ Das ist ja ganz einfach! So, jetzt habe ich mein Ticket. Hoffentlich kommt die nächste Bahn schon bald.
- ☐ Wie bitte? Welche Linie? Ich kann dich nicht verstehen, es ist so laut hier.
- ☐ Ein Symbol? Ach so, ja. Welchen Fahrschein brauche ich denn jetzt?
- ☐ Prima! Bis gleich!
- ☐ Moment. Ja, hier steht Limperich. Da ist auch eine Nummer.
- ☐ Ah ja. Ich habe ihn gefunden, aber ich habe in Deutschland noch nie eine Fahrkarte am Automaten gekauft. Wie geht das?
- ☐ Moment. Ja, ich habe die Nummer eingegeben. Wie kann ich denn jetzt bezahlen?

b) Lesen Sie den Dialog laut – am besten zu zweit!

3 *Und, aber, oder.* Was passt? Ergänzen Sie.

1. Ich kann Ihnen das Zimmer von Montag bis Freitag reservieren, ..aber........ am Wochenende ist leider nichts mehr frei.
2. Sie können mit dem ICE .... mit dem Regionalexpress von Berlin nach Hannover fahren. Das ist billiger, ... nicht ganz so schnell wie die Fahrt im ICE.
3. Ihr könnt heute Nachmittag zuerst das Museum besuchen .... danach in die Stadt gehen. .... ihr geht zuerst in die Stadt, ... dann habt ihr nicht mehr viel Zeit für die Ausstellung.
4. Möchten Sie eine Fahrkarte in der 1. .... lieber in der 2. Klasse?
5. Wohin soll ich fahren? In die Schweiz .... nach Italien? – Fahr doch von München über Bern nach Venedig. Dann warst du in der Schweiz .... in Italien!
6. Ich möchte Urlaub am Meer machen, ... meine Frau will lieber in die Berge.

09 4 Eine Flugreise online buchen. Hören Sie und ergänzen Sie die Buchung.

Von: ....

Nach: ....

Hinflug am: ....

Abflugzeit: ....

Rückflug am: ....

Abflugzeit: ....

Hotel: ☐ Ja ☐ Nein

Mietwagen: ☐ Ja ☐ Nein

5 Reisende auf dem Frankfurter Flughafen

a) *Machen* oder *besuchen*? Was passt? Kreuzen Sie an.

	machen	besuchen
1. Freunde oder Verwandte	☐	☐
2. eine Konferenz	☐	☐
3. eine Reise	☐	☐
4. Urlaub	☐	☐
5. eine Radtour	☐	☐
6. eine Buchmesse	☐	☐

b) Wo waren die Personen? Was vermuten Sie? Ergänzen Sie die Sätze mit den Informationen.

~~Geschäftsreise nach London~~ – Urlaub – Buchmesse – Informationsreise nach China – Konferenz in Moskau – Freundin – Radtour durch Irland

1. Der Mann trägt einen dunklen Anzug und hat einen kleinen schwarzen Koffer in der rechten Hand. Unter dem linken Arm hat er eine englische Zeitung.

   Ich glaube, dass er *eine Geschäftsreise nach London gemacht hat.*

2. Die Frau trägt eine helle Bluse, eine dunkelrote Jeansjacke und eine schwarze Hose. Sie liest eine Zeitschrift und trägt eine rote Tasche vom Cornelsen Verlag.

   Wahrscheinlich ....

3. Der Mann und die Frau tragen große Sonnenhüte, Sonnenbrillen, bunte T-Shirts und Jeans. Sie sehen wie Touristen aus.

   Ich denke, dass ....

4. Drei junge Frauen gehören zu einer Reisegruppe. Sie sehen sehr müde aus und tragen große Kamerataschen. Sicher hatten sie einen langen Flug.

   Vielleicht ....

5. Ein junger Mann steht ganz rechts. Er hat Lippenstift im Gesicht und sieht glücklich aus.

   Ich glaube, er ....

6. Die Frau trägt dunkle Kleidung. Sie hat den Mantel ausgezogen. In ihrer rechten Hand hat sie eine Notebooktasche. Sie liest ein Buch auf Russisch.

   Wahrscheinlich ....

7. Dieser junge Mann sieht sehr sportlich aus. Er hat eine Fahrradtasche unter dem Arm und ein Fitnessgetränk in der Hand.

   Ich meine, dass ....

6 Unterwegs im Flugzeug. **Ergänzen Sie *wollen, müssen, dürfen* und *können*. Denken Sie auch an die Verbform.**

1. Unser internationales Servicepersonal kann .... Ihnen in über zehn Sprachen helfen.
2. Viele Fluggäste .... im Flugzeug nicht so gerne in der Mitte sitzen. Sie sitzen lieber am Fenster.
3. Ihre Reisetasche für unterwegs .... nicht schwerer als zehn Kilo sein.
4. Auf unseren Flügen ist Rauchen verboten. Sie .... auch nicht in den Toiletten rauchen!
5. Auf langen Flügen .... sich die Fluggäste Videos ansehen oder Musik hören.
6. Sie .... Musik hören? Sie .... unser Service-Personal nach einem Kopfhörer fragen.
7. Beim Start und bei der Landung .... Sie alle elektronischen Geräte wie Computer oder MP3-Spieler ausmachen.
8. Sie .... Ihren Sessel jetzt wieder in die senkrechte Position bringen. Wir landen bald.
9. Der Pilot sagt, wir .... noch nicht aussteigen, weil die Treppe noch nicht da ist. Wir .... noch etwas warten.

7 Tipps für die Reise. **Ergänzen Sie *sollen*. Achten Sie auf die Verbform.**

1. Ute hat gesagt, dass ich aus der Türkei Kaffee mitbringen soll ....
2. Rebecca meint, dass du in Kenia nur Mineralwasser trinken ....
3. Wir haben Peter gesagt, dass er vor dem Urlaub Medikamente kaufen ....
4. Der Arzt sagt, dass wir uns in Österreich gut ausruhen und viel wandern ....
5. „Vergesst nicht, dass ihr in China viele Fotos machen ....!"
6. Sag deinen Freundinnen, dass sie in Spanien nicht den ganzen Tag am Strand in der Sonne liegen .... Das ist nicht gesund!
7. Frau Sommer, der Chef sagt, dass Sie in München die Firmenkreditkarte benutzen ....
8. Ich weiß nicht, was ich in den Ferien machen .... Hast du eine Idee?
9. Ich habe dir doch gesagt, dass du im Ausland nicht mit dem Handy telefonieren .... Das ist viel zu teuer!

8 Reiseplanung

10

a) Hören Sie und sprechen Sie nach.

1. in den Bergen Urlaub – am liebsten in den Bergen Urlaub – Ich mache am liebsten in den Bergen Urlaub.
2. nur einen Hinflug – reservieren Sie nur einen Hinflug – Bitte reservieren Sie nur einen Hinflug!
3. und reisen am Dienstag wieder ab – am Montag an und reisen am Dienstag wieder ab – Wir kommen am Montag an und reisen am Dienstag wieder ab.
4. als eine lange Autofahrt – ist besser als eine lange Autofahrt – Der Zug ist besser als eine lange Autofahrt.

b) Formulieren Sie Fragen.

wie – ~~wo~~ – wohin – was – wann

1. du – Urlaub machen: Schweiz – Italien?

Wo machst du Urlaub? In der Schweiz oder in Italien?
Kenia ist mir zu weit. Ich fahre in die Türkei.

2. ich – reservieren – sollen: Hin- und Rückflug – nur Rückflug?

....
Bitte reservieren Sie nur einen Hinflug!

3. Sie – ankommen: Montag – Dienstag?

....
Wir kommen am Montag an und reisen am Donnerstag wieder ab.

4. du – lieber fahren: Strand – Berge

....
Ich mache am liebsten Städtereisen. Am Strand oder in den Bergen langweile ich mich immer.

5. ihr – nach Italien fahren: Auto – Zug

....
Wir nehmen einen Nachtzug. Das ist besser als die lange Autofahrt.

9 Koffer packen. **Hören Sie. Welche Sachen packt Marius ein: A oder B?**

11

A

B

1 Leben in Deutschland

1 Meine Nachbarn und ich

a) Lesen Sie die Texte und ordnen Sie die Fotos zu.

Ich kenne meine Nachbarn kaum. Das finde ich gut, weil ich meine Ruhe haben will. Aber manchmal sind die Nachbarn von oben unheimlich laut. Das nervt!
1 ☐

a

Ich habe eine kleine Tochter und unter mir wohnt eine Familie mit zwei Kindern. Die Kinder spielen oft zusammen, so habe ich die Müllers kennen gelernt. Jetzt trinken wir manchmal einen Kaffee zusammen.
2 ☐

Ich besuche bald für eine Woche meine Tochter in Bonn. Aber wer soll meiner Katze ihr Futter geben? Da habe ich einfach die junge Frau von gegenüber gefragt. Sie macht es gern und jetzt weiß ich, dass sie sehr nett ist.
3 ☐

b

Bei uns im Haus gibt es jedes Jahr im Sommer ein Gartenfest. Manche Nachbarn sind sehr nett, manche mag ich weniger. Aber wir kennen uns alle.
4 ☐

c

d

Ich kenne nur die junge Frau von gegenüber. Der Postbote gibt ihr meine Pakete, wenn ich nicht zu Hause bin. Ich nehme natürlich auch ihre Pakete. Das funktioniert ganz gut.
5 ☐

e

b) Kennen Sie Ihre Nachbarn? Wie haben Sie sie kennen gelernt? Schreiben Sie einen Text.

Ich kenne meine Nachbarn	gut. / nicht gut. / gar nicht.
Einmal habe ich ...	... getroffen.
Wir haben ...	... zusammen geredet.
Unsere Kinder ...	... gespielt.

Ich kenne meine Nachbarn gut. Manchmal spielen die Kinder zusammen.

2 **Mitteilung an die Mieter.** **Sehen Sie das Foto an und lesen Sie den Text. Welche Aussagen sind richtig? Kreuzen an.**

Liebe Mieter,

leider ist seit einiger Zeit unser Müllcontainer viel zu voll. Unsere Bitte: Trennen Sie Ihren Müll und werfen Sie Ihre Papierreste und Kartons nicht in diesen Container. Plastik und Verpackungen müssen in die gelbe Tonne. Dann passt der Restmüll auch in den grauen Container und es ist gut für die Umwelt.

Vielen Dank für Ihre Hilfe!

Ihre Hausverwaltung

1. ☐ Die Mieter sollen sauber machen.
2. ☐ Man soll den Müll besser trennen.
3. ☐ Papier muss in den gelben Container.
4. ☐ Man soll die Umwelt schützen.

Landeskunde

Nicht nur in Deutschland soll man den Müll getrennt sammeln. Glas, Papier und Verpackungen kommen in unterschiedliche Container. Dann kann man die Materialien wieder verwerten (recyclen). Das macht die Müllberge kleiner und spart Rohstoffe.

Gelber Container ▸ Verpackungen mit dem „Grünen Punkt". Aber kein Glas und Papier.
Blauer Container ▸ Altpapier (Zeitungen, Kartons etc.)
Grüner Container ▸ Flaschen und Verpackungen aus Glas
Grauer Container ▸ Restmüll
Oft gibt es auch eine braune Tonne für Biomüll wie Obst- und Gemüsereste.

3 **Und Ihr Müll?** **Trennt man bei Ihnen auch den Müll? Welchen? Wie sehen die Container aus? Schreiben Sie einen Text und suchen Sie Fotos im Internet.**

4 Freizeit und Hobbys

1 Erholen Sie sich in Ihrer Freizeit?

a) **Lesen Sie den Text und ordnen Sie die Fotos den Abschnitten zu.**

a

b

c

d

☐ **Freizeitstress.** Haben Sie das Wort schon einmal gehört? Es ist Freitagabend und das Wochenende beginnt. Lisa möchte sich entspannen. Sie will sich mit einem Glas Wein auf das Sofa setzen und etwas fernsehen, da klingelt das Telefon. Es ist Ute. Sie kann sich mal wieder nicht entscheiden: Soll sie mit Oleg auf Cems Party gehen oder mit Inga ins Kino und danach in die neue Disko? Lisa ist das egal. Sie möchte auch nicht mitkommen.

☐ Im Fernsehen sprechen gerade ein paar Experten über Freizeit. Ein Professor sagt, dass die Deutschen von 148 Stunden jede Woche bis zu 77 Stunden Freizeit haben. In dieser Zeit sollen wir uns erholen, Freunde treffen, im Garten arbeiten, lesen oder Sport machen. Aber der Arzt meint, dass zu viele Termine und Aktivitäten in der Freizeit nicht gesund sind. Viele Patienten haben Freizeitstress. Sie sind oft müde und können sich bei der Arbeit nicht gut konzentrieren. Lisa denkt sofort an Ute. Das muss sie ihr erzählen! Denn Ihre Freundin ist fast immer unterwegs. Am Wochenende hat sie besonders viel zu tun. Das fängt schon am Freitagabend an. Da gibt es meistens eine Party oder sie geht mit Freunden tanzen. Am Samstag und Sonntag ist sie auch immer unterwegs. Und am Montag ruft sie Lisa dann wieder aus der Firma an und sagt, sie ist total kaputt. Vom Wochenende!

☐ Lisa mag es lieber ruhig. Sie liebt lange Spaziergänge im Regen, liest viel, hört gerne Musik, sieht manchmal abends fern, geht am Samstagvormittag auf den Markt und trifft sich sonntags mit Freunden. Manchmal geht sie am Wochenende ins Theater und in Ausstellungen oder besucht ihre Familie, aber sie muss in ihrer Freizeit nicht immer etwas machen oder mit anderen Menschen zusammen sein.

☐ Schon wieder klingelt das Telefon. Jetzt ist es Oleg. Er fragt Lisa, was Ute heute Abend macht. Er wollte mit ihr auf Cems Party gehen, aber sie hat ihn nicht angerufen und geht jetzt auch nicht ans Telefon. Lisa sagt ihm, dass sie es auch nicht weiß. Dann macht sie das Telefon und ihr Handy aus. Gleich beginnt ein schöner Film. Endlich Ruhe!

b) Lesen Sie den Text noch einmal. Sind die Aussagen richtig oder falsch? Kreuzen Sie an und ergänzen Sie die Zeilennummern bei den richtigen Aussagen.

	richtig	falsch	Zeile
1. Ute möchte auf eine Party oder ins Kino gehen.	☒	☐	...4.
2. Lisa möchte lieber zu Hause bleiben und sich entspannen.	☐	☐	....
3. Lisa hört im Radio ein Gespräch zum Thema „Stress".	☐	☐	....
4. Die Deutschen haben mindestens 77 Stunden Freizeit in der Woche.	☐	☐	....
5. Der Arzt sagt, zu viel Freizeit ist nicht gesund.	☐	☐	....
6. Ute erholt sich am Wochenende gut.	☐	☐	....
7. Lisa kann in ihrer Freizeit auch gut allein sein.	☐	☐	....
8. Oleg sucht Ute.	☐	☐	....
9. Lisa weiß auch nicht, wo Ute ist.	☐	☐	....

2 Eine Verabredung. Es ist Sonntag. Lisa telefoniert mit Mario.

a) Lesen Sie Lisas Aussagen und markieren Sie alle Angaben zu Datum und Uhrzeit.

Hallo Mario, hier ist Lisa.

...

Ich möchte mit dir ins Kino gehen und den neuen James Bond Film sehen.

...

Kannst du am Mittwochabend, also am neunten um sieben Uhr?

...

Und am elften, abends um acht, passt dir das?

...

Schade. Und wie sieht es Dienstagabend um sechs aus? Kannst du da?

...

Nein, nicht am fünfzehnten. Da kann ich nicht. Ich meine übermorgen, also am achten. Geht das auch?

...

Um halb sechs am Cineplex in der Innenstadt?

...

Schön. Ich freue mich schon. Bis Dienstag. Tschüss.

...

12

b) Hören Sie Mario und sprechen Sie Lisas Rolle in a).

c) Hören Sie noch einmal und ergänzen Sie Marios Kalender.

Montag 07.09.	Dienstag 08.09.	Mittwoch 09.09.	Donnerstag 10.09.	Freitag 11.09.	Samstag 12.09.	Sonntag 13.09.
lernen!			20.00			
			Bundesliga			

3 Flüssig sprechen. Hören Sie und sprechen Sie nach.

13

1. Mittwoch – Mittwoch in zwei Wochen – Ich habe Mittwoch in zwei Wochen Geburtstag.
2. morgen – morgen um Viertel nach neun – Ich habe morgen um Viertel nach neun einen Termin.
3. am elften – am elften um halb sieben – Wir treffen uns am am elften um halb sieben.
4. nachmittag – morgen nachmittag – Ich gehe morgen Nachmittag zum Yoga.

4 Was kann man in der Freizeit machen? Finden Sie passende Nomen.

1. .... laufen.
2. Die .... lesen.
3. Am .... spielen.
4. .... fahren.
5. .... oder ..Pilates.... machen.
6. In die .... gehen.
7. Im .... singen
8. Im .... arbeiten.
9. In den .... wandern.

Z	E	I	T	U	N	G	S	T	U	D	I
T	K	T	T	U	P	R	E	S	G	V	I
B	M	A	R	A	T	H	O	N	N	T	O
D	O	Y	O	G	A	S	T	D	W	U	D
E	T	B	E	E	S	C	H	M	F	L	G
S	O	E	P	E	R	S	T	J	R	T	A
A	R	R	S	C	O	M	P	U	T	E	R
U	R	G	H	H	U	M	N	B	O	R	T
N	A	E	N	O	P	Q	Z	T	E	R	E
A	D	N	L	R	C	H	M	I	E	R	N

5 Reflexiv oder nicht? Kreuzen Sie an. Ergänzen Sie dann das Reflexiv- oder Personalpronomen.

	ja	nein
1. Ich kann ..mich.... so nicht entspannen. Die Musik ist zu laut!	☒	☐
2. Rasierst du .... nicht mehr? Das sieht gut aus!	☐	☐
3. Ich kann .... nicht verstehen. Die Verbindung ist so schlecht.	☐	☐
4. Treffen wir .... am Mittwoch wieder bei Claudia zum Kochen?	☐	☐
5. Was ist? Fühlst du .... nicht gut?	☐	☐
6. Freut ihr .... schon auf den Urlaub in Amerika?	☐	☐
7. Wir möchten .... zum Essen einladen. Habt ihr am Samstag Zeit?	☐	☐

6 Eine Panne am Morgen. Ergänzen Sie den Text wie im Beispiel.

anziehen – ~~sich duschen~~ – klingeln –
sich rasieren – sich treffen – überraschen – sich umziehen

Kurt ist aufgestanden und hat ..sich geduscht.... Heute hat er .... nicht .... Seine Freundin findet seinen Bart cool und er .... heute Abend mit ihr. Er hat auch sein neues Hemd .... Dann hat er Kaffee gemacht. Plötzlich hat es an der Tür .... Das hat ihn so .... , dass er den Kaffee verschüttet hat. So ein Mist – das neue Hemd! Kurt ist wieder ins Schlafzimmer gegangen und hat ....

7 Reflexivpronomen und Präpositionen mit Dativ oder Akkusativ

a) Markieren Sie die richtigen Präpositionen und Akkusativ oder Dativ.

	für	über	mit	+ Akk.	+ Dat.
1. sich interessieren	☒	☐	☐	☒	☐
2. sich ärgern	☐	☐	☐	☐	☐
3. sich verabreden	☐	☐	☐	☐	☐
4. sich entspannen	☐	☐	☐	☐	☐
5. sich freuen	☐	☐	☐	☐	☐
6. sich entscheiden	☐	☐	☐	☐	☐
7. sich aufregen	☐	☐	☐	☐	☐

Ich habe mich für Yoga entschieden.

b) Antworten Sie.

1. Trifft Mike Herrn Moll heute Nachmittag?
   Ja, ich glaube, er hat *sich mit Herrn Moll verabredet.* .... (sich verabreden)
2. Glaubst du auch, dass dein Mann nicht gern zu einem Amt geht?
   Ja, er .... die langen Wartezeiten (sich ärgern).
3. Findest du Fußball interessant?
   Ja, ich .... Fußball. (sich interessieren)
4. Wie geht es deiner Schwester? Hat sie meinen Brief bekommen?
   Ja, sie hat gesagt, dass sie .... (sich freuen)
5. Warum bist du so wütend?
   Mein Kollege macht so viel falsch. Ich habe .... (sich aufregen).
6. Besuchst du am Wochenende deine Eltern oder Paula?
   Ich glaube, ... Eltern. (sich entscheiden)
7. Was findest du entspannender: Musik, Fernsehen oder Lesen?
   Ich .... Musik. (sich entspannen)

8 Was hast du gestern nach dem Unterricht gemacht? **Sehen Sie sich die Bilder an und schreiben Sie mit den Wörtern passende Sätze.**

Lebensmittel – bin ich – habe ich – nach Hause – eingekauft – mit der Straßenbahn – dann – Mittag gegessen – ein paar – in der Kantine – und danach – gefahren – im Supermarkt – zuerst – habe ich

Zuerst habe ich ....

....

9 Freizeit im Verein

a) Welcher Verein passt zu welcher Person? Ordnen Sie zu.

	Verein
1. Lisa, 8, mag Tiere und treibt gerne Sport.	....
2. Frank ist 26 Jahre alt, bewegt sich gern und mag Musik.	....
3. Lucca, 31, liebt sein Motorrad und macht gern Ausflüge.	....
4. Mona, 43, möchte sich in der Natur entspannen. Sie geht gern im Wald spazieren.	....
5. Le, 56, lädt am Wochenende oft Freunde zum Essen ein. Sie kocht gern neue Gerichte.	....
6. Fatih, 64, ist Rentner und sucht ein neues Hobby. Er mag Pflanzen und ist gerne draußen.	....

Machen Sie mit! Diese Vereine in Ihrer Nähe suchen neue Mitglieder: 21

A

Entdecken Sie Ihren grünen Daumen! Ruhiger Kleingartenverein in Limperich sucht nette Mitglieder für freie Gärten (80–150 m²) mit Interesse am Vereinsleben. Info: 015161514931, Mo–Fr, 15–18 Uhr.

B

Tango, Swing und mehr ...

Kurse für Anfänger und Fortgeschrittene starten im Mai. Zehn Stunden schon ab 80 €. Mitglieder sparen bis zu 20 %. Melden Sie sich noch heute an: Steps e. V. • Tel: 0171 865 429.

C

Alleine in der Küche stehen geht auch – im Kochtreff Bratpfanne macht das Kochen mehr Spaß! Wir tauschen internationale Rezepte aus und essen gemeinsam. Mehr Informationen unter bratpfanne.de

D

Interessierst du dich für Pferde?
Im Ponyclub „Ponderosa" kannst du mit anderen Sport treiben, die Tiere pflegen und viel Spaß haben.
Information für Eltern und Anmeldung unter 04782/11759.

E

Die Straße ist das Ziel!

Im Tourentreff lernt man Leute kennen, die sich für große Motoren auf zwei Rädern interessieren. Wir fahren gemeinsam tolle Touren und machen auch mal Pause. 0191456782.

F

Wandern, Tiere in der Natur erleben, nette Leute kennenlernen.
Der Verein der Naturfreunde hat eine lange Tradition. Interessiert? Dann kommen Sie mit!
Treffpunkt: jeden So, 5:30 Uhr, am Stadion.

14 **b) Mona, Frank, Fatih und Li haben sich entschieden. Hören Sie. Wer ist in welchem Verein? Vergleichen Sie mit a).**

1. Mona ist im ....
2. Frank macht bei .... mit.
3. Fatih ist beim ....
4. Li geht ....

10 Freizeittrends. Wir haben eine Umfrage in einem Deutschkurs gemacht. Ergänzen Sie *niemand, wenige, viele* und *alle*.

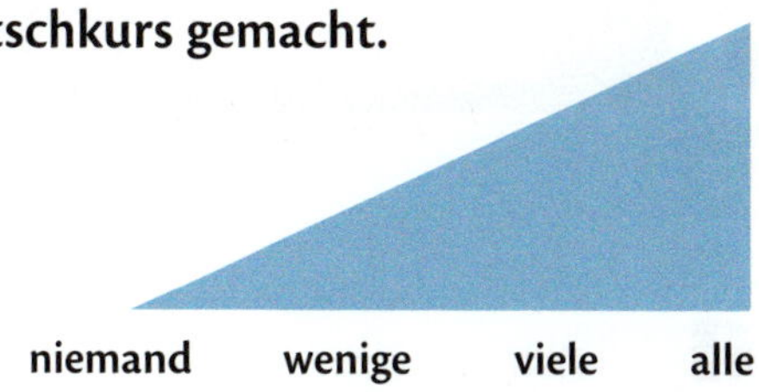

1. 100 % .... hören gerne Musik.
2. 93 % Fast .... kochen gerne.
3. 77 % .... machen in ihrer Freizeit Sport.
4. 60 % .... lesen auch gerne.
5. 23 % Aber nur .... lesen jeden Tag die Zeitung.
6. 3 % Fast .... interessiert sich für Briefmarken.
7. 0 % .... geht jede Woche ins Kino.

11 Emotionen und Ausrufe

a) Welche Reaktion passt am besten? Kreuzen Sie an.

1. Aua, ich habe mich geschnitten!
- a ☐ Das hört sich nicht schlecht an.
- b ☐ Oh, das habe ich nicht gewusst.
- c ☐ Tut es sehr weh? Zeigen Sie mal.

2. Iii, in der Küche ist eine Maus!
- a ☐ Wie schön!
- b ☐ Oh nein, ich mag auch keine Mäuse.
- c ☐ Das habe ich nicht gewusst.

3. Juhu, ich habe gewonnen!
- a ☐ Ist alles in Ordnung?
- b ☐ Toll! Herzlichen Glückwunsch!
- c ☐ Wie ist das denn passiert?

4. Mist, ich kann mein Handy nicht finden.
- a ☐ Das macht nichts.
- b ☐ Schon wieder? Komm, wir suchen es zusammen.
- c ☐ Oh, es war nicht sehr teuer.

5. Oh, sind die schönen Blumen für mich?
- a ☐ Ja. Freust du dich?
- b ☐ Das hört sich nicht gut an!
- c ☐ Das tut mir leid.

15 **b) Hören Sie die Dialoge und vergleichen Sie mit a). Lesen Sie laut mit.**

5 Medien im Alltag

1 Im Netz

a) Sehen Sie sich die Grafik an. Welcher Text passt? Kreuzen Sie an.

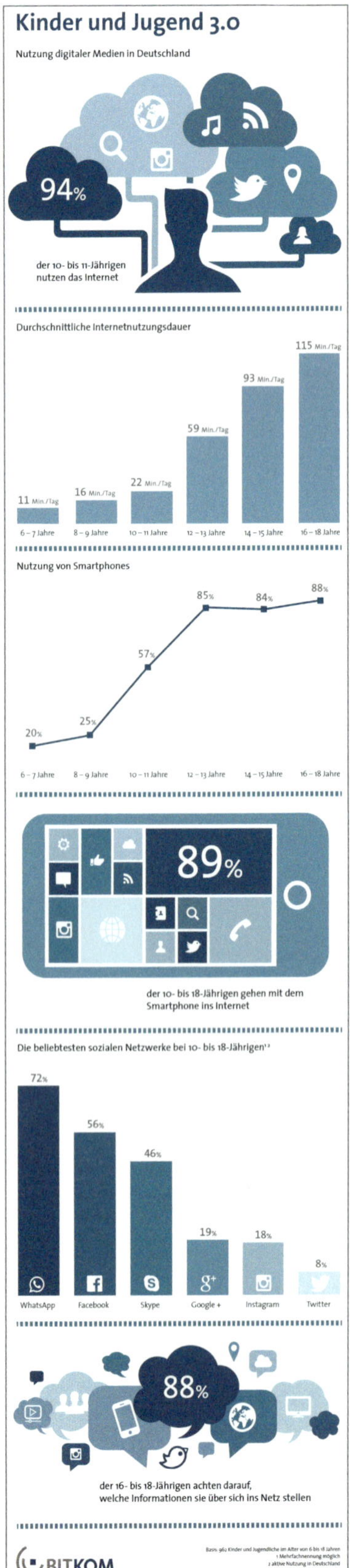

1. ☐ Immer mehr Kinder und Jugendliche nutzen digitale Medien. Dabei surfen die 16- bis 18-Jährigen etwa zehnmal länger pro Tag als zehn Jahre jüngere Kinder. Besonders interessant ist, dass 8,9 von 10 Kindern und Jugendlichen im Alter von 10 bis 18 Jahren mit dem Smartphone ins Internet gehen. Die Grafik zeigt auch, dass Eltern und Schulen Erfolg haben: 88 Prozent der 16- bis 18-Jährigen haben gelernt, dass man nicht alles ins Internet stellen darf.

2. ☐ SMS und Facebook waren gestern! Wer heute dabei sein möchte, nutzt WhatsApp. Das zeigen die Ergebnisse einer Umfrage unter Kindern und Jugendlichen im Alter von sechs bis 18 Jahren. Die meisten 10- bis 18-Jährigen nutzen das Programm auf ihren Smartphones. So können sie ganz einfach immer und überall Nachrichten, Fotos oder Videos empfangen und verschicken. Bei Kindern unter zehn Jahren ist Facebook aber immer noch beliebter als WhatsApp.

3. ☐ Die Umfrageergebnisse aus Deutschland zeigen, dass im Jahr 2014 fast alle Kinder im Alter von zehn bis elf Jahren einen eigenen Computer mit Internetverbindung hatten. Sie waren täglich circa eine halbe Stunde im Internet; WhatsApp und Facebook waren am beliebtesten. Interessant ist auch, dass die meisten Kinder im Alter von sechs bis elf Jahren schon ein Smartphone besitzen. Aber viele Kinder dürfen in diesem Alter nicht ohne ihre Eltern surfen.

b) Viele Fragen bleiben offen. Ergänzen Sie.

liebsten – mehr – ~~meisten~~ – früh – seltener

1. Die Grafik zeigt, dass die ...... meisten ...... Kinder und Jugendliche schon .... digitale Medien nutzen.
2. Deshalb müssen wir alle .... für die Sicherheit im Netz tun.
3. Die Grafik erklärt nicht, warum die 14- bis 15-Jährigen Smartphones .... nutzen als die 12- bis 13-Jährigen.
4. Sie zeigt auch nicht, was die 10- bis 18-Jährigen im Internet am .... machen.

2 Kinder und Medien. **Was sagen die Kinder? Schreiben Sie Nebensätze mit *dass*.**

1.

Ich habe ein Tablet, aber kein Smartphone.

Sophia, 8 Jahre

Sophia sagt, dass sie ein Tablet, aber kein Smartphone hat. ....

2.

Ich bekomme ein Smartphone zum Geburtstag.

Leon, 9 Jahre

Leon sagt, ...

3.

Ich brauche ein Notebook für die Schule.

Hannes, 11 Jahre

Hannes sagt, ...

4.

Ich surfe jeden Tag im Internet.

Michael, 13 Jahre

Michael sagt, ...

5.

Ich darf keine Filme downloaden.

Lea, 13 Jahre

Lea sagt, ...

3 Medien im Alltag von Luise

a) Was passt zusammen? Verbinden Sie. Manchmal gibt es mehrere Möglichkeiten.

Fotos	1	a	bearbeiten
MP3s	2	b	schreiben
eine Schallplatte	3	c	ausleihen
eine Zeitung	4	d	downloaden
Filme	5	e	hören
eine SMS	6	f	abonnieren

(3 – e)

Luise Schulte, 27, selbstständige Fotografin.

b) Luise nutzt viele Medien. Ergänzen Sie sinnvolle Verbindungen aus a).

1. Luise ist Fotografin und arbeitet viel am Computer. Sie bearbeitet Fotos. ....
2. Luise interessiert sich für Nachrichten, aber sie liest längere Texte nicht gern online.
....
3. Sie hört gerne klassische Musik und meint, dass die Musik im MP3-Format nicht gut klingt.
....
4. Kinobesuche und DVDs findet sie ziemlich teuer. Zum Glück gibt es Bibliotheken!
....

4 Unterwegs

16

a) Wer sagt was? Hören Sie und kreuzen Sie an.

	Sprecher/in 1	Sprecher/in 2	Sprecher/in 3	Sprecher/in 4	
1.	☐	☐	☐	☐	haben ein Smartphone.
2.	☐	☐	☐	☐	finden Videospiele uninteressant.
3.	☐	☐	☐	☐	findet mit dem Smartphone den Weg zu Kunden.
4.	☐	☐	☐	☐	haben unterwegs Probleme mit der Internetverbindung.
5.	☐	☐	☐	☐	telefoniert mit dem Handy immer nur.
6.	☐	☐	☐	☐	brauchen das Smartphone auch für ihre Arbeit.

b) *Immer, oft, manchmal*? Hören Sie noch einmal genau zu und korrigieren Sie.

1. Sprecherin 1 hört auf dem Schulweg immer Musik.

   ....

2. Sprecherin 2 nutzt das Navigationssystem von ihrem Smartphone. Sie steht nie im Stau.

   ....

3. Sprecher 3 schickt seine geschäftlichen Mails immer erst aus dem Büro ab.

   ....

4. Auf Reisen nimmt Sprecher 4 nie ein Handy mit.

   ....

5 Ein Brief. **Wie heißt das? Schreiben Sie die Nomen mit Artikel auf.**

1. ....

2. der Umschlag ....

3. ....

4. ....

5. ....

6 Hilfe, mein Computer ist kaputt! Schreiben Sie indirekte W-Fragen.

1. *Was mache ich jetzt?*

2. *Wer kann mir helfen?*

3. *Wo gibt es eine gute Werkstatt?*

4. *Wie lange dauert die Reparatur?*

5. *Wie teuer ist ein neuer Computer?*

1. Ich weiß noch nicht, was ich jetzt mache. ....
2. Hmm, mal sehen, ...
3. Vielleicht weiß Thomas, ...
4. Ich möchte wissen, ...
5. Und dann frage ich ihn noch, ...

7 Eine schlechte Telefonverbindung. Schreiben Sie Sätze mit *ob*.

Verkaufe digitale Kamera, 4 Jahre alt, **Minolat XR 600 – Spiegelreflex**, günstiger Preis, ☎ 0221 / 4457784

- Hallo, ich habe Ihre Anzeige gelesen. Haben Sie die Kamera schon verkauft?
- Wie bitte?
- Ich möchte wissen, ob Sie ....
- Ach so, nein, noch nicht.
- Ist die Kamera auch in Ordnung?
- Äh, ich habe Sie nicht verstanden.
- Ich habe Sie gefragt, ...
- Na klar. Sie ist so gut wie am ersten Tag!
- Prima. Ihre Telefonnummer ist hier in Köln. Zeigen Sie mir die Kamera?
- Entschuldigen Sie, aber die Verbindung ist wirklich schlecht. Können Sie das bitte wiederholen?
- Ich möchte wissen, ...
- Ja, das ist möglich. Passt es Ihnen morgen Vormittag?
- Morgen Nachmittag passt gut.
- Nein, das geht nicht. Ich habe Sie gefragt, ...
- Ach so, am Vormittag. Moment . Ja, das geht auch. Wo ...

8 Reklamation

a) **Hören Sie und sprechen Sie nach.** 17

1. vor zwei Wochen – vor zwei Wochen im Angebot – Die Uhr war vor zwei Wochen im Angebot.
2. umtauschen – diese Uhr umtauschen – Ich möchte diese Uhr umtauschen.
3. den Kassenzettel – den Kassenzettel leider verloren – Ich habe den Kassenzettel leider verloren.
4. gefällt – sie gefällt – Sie gefällt meinem Mann. – Sie gefällt meinem Mann nicht.

b) **Ordnen Sie passende Reaktionen aus a) zu.**

- Guten Tag, kann ich Ihnen helfen?
- Guten Tag, ...
- Warum möchten Sie die Uhr denn umtauschen?
- ....
- Wann haben Sie sie denn gekauft?
- ....
- Gut, dann brauche ich den Kassenzettel.
- ....
- Tut mir leid. Ohne Kassenzettel kann ich die Uhr nicht umtauschen.

9 Adjektivendungen wiederholen. **Ergänzen Sie die Endungen der Adjektive im Akkusativ und kreuzen Sie an.**

	der	die	das	bestimmt	unbestimmt
1. Meine Großeltern haben einen sehr modernen Fernseher.	☒	☐	☐	☐	☒
2. Ich brauche eine schnell....... Internetverbindung.	☐	☐	☐	☐	☐
3. Können Sie mir das billig....... Handy wirklich empfehlen?	☐	☐	☐	☐	☐
4. Ich habe am Wochenende ein sehr gut....... Buch gelesen.	☐	☐	☐	☐	☐
5. Hast du den neu....... Film von Til Schweiger schon gesehen?	☐	☐	☐	☐	☐
6. Toms Vater hat noch eine alt....... Schallplatte von den Rolling Stones.	☐	☐	☐	☐	☐
7. Ich suche einen gebraucht....... Schallplattenspieler.	☐	☐	☐	☐	☐
8. Kannst du mir die neu....... Gartenzeitschrift mitbringen?	☐	☐	☐	☐	☐

10 Kurznachrichten. **Was bedeuten diese Abkürzungen? Schreiben Sie wie im Beispiel.**

1. DD: drück dich
2. DAD: ....
3. HDL: ....
4. BB: ....

11 Adjektive in Wortfeldern

a) Welches Adjektiv passt nicht?

1. Temperatur: kalt – ~~windig~~ – warm – heiß
2. Wohnung: schwierig – hell – groß – ruhig
3. Preis: hoch – günstig – teuer – leicht
4. Auto: schnell – lecker – sicher – teuer
5. Ernährung: gesund – falsch – bunt – lecker
6. Hobby: spät – teuer – ungefährlich – beliebt
7. Kleidung: praktisch – früh – elegant – altmodisch

b) Aus der Zeitung. Ergänzen Sie passende Adjektive aus a) ohne Artikel. Achten Sie auf die Endungen!

Aktuelles vom Tag

+ NEWS + NEWS + NEWS +

Das Wetter morgen:

.... Sommertag

mit Temperaturen bis 33 Grad.

Stadt plant 3500 .... Wohnungen für Familien mit drei und mehr Kindern.

Der Winter war lang:

.... Energiepreise belasten Haushalte.

Umfrage:

.... Autos sind Deutschen wichtiger als die Schnelligkeit oder der Preis.

Krankenkassen melden immer mehr Krankheitsfälle durch

.... Ernährung.

Tanzschulen melden Rekordzahlen:

Tanzen wieder .... Hobby bei Jung und Alt.

Anzeige

nur **4,99 €**

ab **12,99 €**

nur **9,99 €**

.... Kinderkleidung jetzt besonders günstig!

6 Ausgehen, Leute treffen

1 Sommerprogramm

a) Lesen Sie das Programm. Ordnen Sie die Fotos den Texten zu.

http://www.kultur-an-der-ruhr.de/

a

b

c

d

e

1. ☐ Immer sonntags, immer 10 Uhr, immer draußen, immer anders – so heißt die neue **Sommeraktion im Westpark**. Neben internationalen Musikern und Theatergruppen gibt es auch tolle Straßenkünstler, Workshops, Spiele zum Mitmachen und vieles mehr. Mit diesem bunten Kulturangebot möchte die Stadt im Sommer BürgerInnen und Gäste zum Kennenlernen einladen. Infos & Programm gibt es hier.

2. ☐ Die **Plattenküche** ist ein Tipp für alle, die einen netten Abend mit Kollegen, Freunden oder auch zu zweit erleben möchten. Das Plattenküche-Team bietet im Restaurant am Park (mit großem Biergarten!) ab 20 Uhr gute und günstige Menüs an. Danach geht es mit einem ganz besonderen Dessert weiter: Ab 22 Uhr serviert ein DJ heiße Musik aus den 70er und 80er Jahren. Sie finden, das klingt gut? Dann reservieren Sie Ihren Abend gleich online!

3. ☐ Das **CentrO** in Oberhausen gehört mit 115.000 m² zu den größten Einkaufszentren in Europa. Die moderne ‚Stadt in der Stadt' unter dem 30 Meter hohen Glasdach lädt auch bei schlechtem Wetter zu einem Bummel ein und ist nicht nur in Oberhausen beliebt. Mehr als 260 Geschäfte bieten fast alles an, was die Kunden wünschen: Kleidung, Elektroartikel, Möbel, Sportartikel oder auch Lebensmittel. Geöffnet Mo.–Sa. von 9 bis 22 Uhr. Lesen Sie mehr.

4. ☐ Die **Lesebrille** ist mehr als ein Buchladen. Sie ist ein beliebter Treffpunkt für alle, die gerne lesen und Leute treffen. Die Lesebrille bietet auch in diesem Sommer in ihrem Café mit Terrasse jeden Freitagabend Lesungen von verschiedenen Autoren und Autorinnen an. Neu im Angebot: eine Schreibwerkstatt mit den Autoren und Autorinnen für alle Menschen mit Lust aufs Schreiben. Ende August gibt es dann eine Sonderlesung für diese Texte; interessante Gespräche bei gutem Wein inklusive. Interessiert? Dann kommen Sie doch einfach mal vorbei!

5. ☐ Neuer Treffpunkt für Kartenspieler! Das **Pik Ass** ist eine moderne Musikkneipe mit Biergarten. Seit Anfang Juni gibt es an den Wochenenden auch Skatturniere am Westpark. Kommen Sie vorbei und probieren Sie auch unsere leckeren Snacks und das selbst gemachte Bier. Lernen Sie viele nette Leute kennen, die auch gerne Karten spielen. Es sind auch noch einige Termine für Stammtische offen. Dienstag – Sonntag, 17–24 Uhr. Unser Küchenteam ist bis 22 Uhr gerne für Sie da!

b) Lesen Sie noch einmal. Ergänzen Sie die Tabelle.

Wo?	Was?	Wann?

18 **c) Wer macht was? Hören Sie und ordnen Sie die Angebote aus 1 a) zu.**

Dialog 1: Mona ☐ und Frank ☐ Dialog 2: Li ☐ Dialog 3: Sven ☐ und Ute ☐

2 Ausgehen

19 **a) Was ist das? Sie hören jedes Rätsel zweimal. Notieren Sie die Lösung.**

1.	6. ....
2. *Billard*	7. ....
3.	8. ....
4.	9. ....
5.	10. ....

b) Überprüfen Sie Ihre Lösungen mit den Nomen aus dem Wortgitter. Finden Sie alle?

K	R	S	V	R	I	C	G	X	H	M	B	X	B	T	N	A	Q
V	G	T	Q	Z	K	R	S	T	U	K	E	O	N	B	O	G	E
N	Q	A	N	K	I	N	J	Q	P	P	X	U	S	C	W	H	Y
C	W	M	T	E	N	B	I	L	L	A	R	D	A	S	G	U	D
K	D	M	H	K	O	N	Z	E	R	T	X	R	N	R	O	O	D
F	P	T	E	S	B	C	A	S	C	H	W	I	M	M	B	A	D
D	N	I	A	T	A	A	Q	U	A	R	I	U	M	M	A	G	E
R	E	S	T	A	U	R	A	N	T	R	P	N	H	C	A	D	V
N	A	C	E	D	N	M	G	G	Q	T	R	P	I	F	R	D	E
Q	D	H	R	I	H	L	E	S	U	N	G	B	B	Y	H	S	C
L	R	A	U	O	L	M	N	R	B	D	C	N	A	S	D	D	Q
N	N	O	D	N	R	C	O	I	V	E	Y	A	I	H	G	N	X

3 Was machen wir heute Abend? **Romy möchte mit Florian ausgehen. Ergänzen Sie.**

~~schon gegessen haben~~ – keine Lust haben – schon verabredet sein – schon gesehen haben

- Du, Florian, ich würde gern mal wieder mit dir essen gehen. Hast du Lust auf Steak?
- *Ach nee, ich habe schon gegessen.* ....
- Schade. Hast du vielleicht Lust auf Kino? Der neue Film von Til Schweiger läuft im Capitol.
- *Den* ....
- Wir können auch Billardspielen gehen.
- ....
- Soll ich Sofia und Carlos mal fragen, ob sie Lust auf einen Spieleabend haben?
- Ich habe Carlos gerade getroffen. *Sie* ....
- Was würdest du denn gerne machen? Mach doch auch mal einen Vorschlag!
- Keine Ahnung. Heute Abend kommt Fußball im Fernsehen. Haben wir noch Chips?

4 Beim Imbiss

a) Sehen Sie sich das Foto an und lesen Sie die Aussagen. Richtig oder falsch? Kreuzen Sie an.

	richtig	falsch
1. Man muss nicht lange auf das Essen warten.	☐	☐
2. Man kann die Gerichte mitnehmen.	☐	☐
3. Manche Gerichte gibt es fast nur im Imbiss.	☐	☐
4. Das Essen im Imbiss ist besonders gesund.	☐	☐
5. Man muss am Imbiss immer draußen essen.	☐	☐
6. Das Essen im Imbiss ist ziemlich teuer.	☐	☐

b) Lesen Sie den Text und die Speisekarte. Waren Ihre Angaben aus a) richtig?

Manchmal hat man nur wenig Zeit oder keinen großen Appetit. Dann gehen viele Menschen zum Imbiss. Man bestellt etwas und muss nicht lange warten. Oft kann man nur im Stehen essen. Weil das nicht so gemütlich ist, nehmen viele ihr Essen lieber mit. An manchen Imbissen kann man auch nur draußen essen. Schnell essen muss man aber nicht.

Imbisse sind in Deutschland sehr beliebt. Es gibt sie fast überall, zum Beispiel an großen Straßen, oder am Bahnhof. Es gibt auch Imbisse, die internationale Gerichte anbieten. Kritiker meinen, dass das Essen in einem Imbiss nicht gesund ist, weil es oft viele Kalorien hat. Aber man muss ja nicht jeden Tag Bratwurst essen und in den meisten Imbissen kann man auch einen Salat bestellen. Und eine Currywurst findet man in den meisten deutschen Restaurants auch gar nicht auf der Speisekarte! Für weniger als fünf Euro kann man in einem Imbiss schon ziemlich viel bestellen. Das glauben Sie nicht? Dann sehen Sie sich mal das Angebot von Monis Imbiss an. Nicht schlecht, oder?

Monis Schnellimbiss

Tagesgericht	3,50 €
1/2 Hähnchen	3,00 €
1 Paar Wiener	2,50 €
Bratwurst	2,20 €
Currywurst	2,40 €
Pommes Frites	1,80 €
Salat klein	1,60 €
Salat groß	3,80 €
Brötchen	0,30 €
Ketchup/Mayonnaise	0,20 €

c) Typisch Imbiss! Ergänzen Sie die Sätze mit Relativpronomen im Nominativ.

1. **Menschen**, *die in einen Imbiss gehen*, haben oft nicht viel Zeit zum Essen. (Sie gehen in einen Imbiss.)
2. Die **Gerichte**, ..., kann man auch mitnehmen. (Sie sind nicht teuer.)
3. Das **Essen**, ..., hat oft viele Kalorien. (Es ist schnell gemacht.)
4. Kritiker meinen, dass **Menschen**, ..., nicht gesund leben. (Sie essen oft in einem Imbiss.)
5. Die **Currywurst**, ..., finden viele besonders lecker. (Es gibt sie fast in jedem deutschen Imbiss.)

5 **Festtagsessen. Susanne und Olaf feiern ihre Hochzeit im Restaurant zur Post. Der Kellner beschreibt den Gästen die Gerichte. Schreiben Sie Relativsätze.**

1. Der Sommersalat ist ein besonders frischer Salat aus **Gemüse**, *das wir aus unserm eigenen Garten bekommen.*
   Wir bekommen es aus unserem eigenen Garten.
2. Unsere Hochzeitssuppe ist eine leichte **Suppe**,
   ....
   Wir kochen sie mit etwas Rindfleisch und kleinen Klößen.
3. Ein Cordon Bleu ist **Fleisch** von einem jungen Rind,
   ....
   Man brät es in einer Pfanne mit Schinken und Käse.
4. Das ist ein ganzer **Fisch**,
   ....
   Wir braten ihn in Butter.
5. Das ist ein **Dessert** aus roten Früchten,
   ....
   Unsere Gäste bestellen es sehr gerne.
6. Das ist ein **Apfelkuchen**,
   ....
   Wir servieren ihn warm mit etwas Sahne.

Hochzeitsssuppe
oder
Sommersalat

Cordon Bleu
mit Butterreis und Salat
oder
Forelle Müllerin
mit Salzkartoffeln

Rote Grütze mit
Vanillesoße
oder
Apfelstrudel mit Sahne

b) Sie sind der Gast. Ergänzen Sie den Dialog. Die Redemittel auf Seite 105 im Kursbuch helfen bei der Bestellung.

- Was darf ich Ihnen als Vorspeise bringen? Die Hochzeitssuppe oder den Sommersalat?
- *Ich hätte gern* ....
- Sehr schön. Möchten Sie zum Hauptgericht das Cordon Bleu oder die Forelle Müllerin?
- ....
- Sind Sie zufrieden? ....
  ....
- Sie möchten ein Dessert? Nehmen Sie das Vanilleeis mit roter Grütze oder lieber den Apfelstrudel mit Sahne?
- ....
  ....

6 Leute kennenlernen. **Ergänzen Sie die Sätze mit Relativpronomen im Nominativ oder Akkusativ. Markieren Sie wie im Beispiel.**

1. Kennst du die junge Frau, *(Nom./Akk.)* ..die.. gerade mit Ruth spricht?
2. Ist das der Portugiese, *(Nom./Akk.)* .... du im Urlaub kennen gelernt hast?
3. Wie findest du den neuen Mitbewohner, *(Nom./Akk.)* .... ich dir gestern vorgestellt habe?
4. Ist das das Kind von Kathrin, *(Nom./Akk.)* .... so gut Klavier spielen kann?
5. Ist das nicht der Student, *(Nom./Akk.)* .... den Literaturpreis gewonnen hat?
6. Darf ich vorstellen? Das ist die Frau, *(Nom./Akk.)* .... ich beim Speed-Dating getroffen habe.
7. Wer ist denn die da, *(Nom./Akk.)* .... neben Thomas steht?
8. Das sind Güls Eltern, *(Nom./Akk.)* .... die zu ihrem Geburtstag aus Berlin gekommen sind.

7 Im Restaurant. **Wörter in Paaren lernen: Ergänzen Sie.**

Fleisch – Stuhl – Pfeffer – Tasse – ~~Rotwein~~ – Gabel – Tee – Reis

1. Tisch und ....
2. Teller und ....
3. Messer und ....
4. Salz und ....
5. Nudeln oder ....?
6. Weißwein oder ..Rotwein..?
7. Fisch oder ....?
8. Kaffee oder ....?

8 Auf dem Tisch. **Notieren Sie die Wörter mit Artikel und Pluralform.**

1. ....
2. ....
3. ....
4. ....
5. ....
6. ....
7. ....
8. ....

9 Entschuldigen Sie, ...

a) **Ergänzen Sie die Tabelle.**

Grammatik

	Nominativ	Dativ		Nominativ	Dativ
Singular	ich	mir	Plural	wir	....
	du	....		ihr	....
	er/es/sie	..../..../....		sie/Sie	..../....

b) Ergänzen Sie passende Dativpronomen aus der Tabelle in a).

1. Du hast noch nicht bestellt? Ich sage dem Ober, dass er ..dir.. eine Karte geben soll.
2. Entschuldigung, ich habe kein Messer. Bringen Sie .... bitte eins?
3. Meine Frau braucht einen Löffel für die Suppe. Würden Sie .... einen bringen?
4. Wir nehmen zum Eis einen Dessertwein. Bitte bringen Sie .... zwei Gläser.
5. Seine Serviette ist unter den Tisch gefallen. Geben Sie .... eine neue, bitte?
6. Sie möchten zahlen? Ich bringe .... gleich die Rechnung.

10 Fremd essen gehen

a) Lesen Sie den Text. Wie viele Leute lernt man an einem Abend bei „Fremd essen gehen" kennen?

a) ☐ vier Gäste b) ☐ acht oder neun Gäste c) ☐ zehn oder elf Gäste

www.fremd-essen-gehen.de

18 Uhr Vorspeise, 20 Uhr Hauptgericht und 22 Uhr Dessert.

Egal, ob Single, Pärchen, gute Freunde oder nette Kollegen: Jeder kann bei uns mitmachen. Man muss sich nur online anmelden, seine Stadt angeben und im Kalender einen Tag für das Abendessen aussuchen. Wer sich alleine anmeldet, bekommt einen Überraschungspartner für den Abend. Denn zu jedem Team gehören zwei Personen, die auch zusammen ein Gericht kochen. Zwei andere Teams, also vier fremde Gäste kommen in die Wohnung und alle essen zusammen. Danach geht jedes Team zum nächsten Gericht in eine andere Wohnung und isst dort wieder mit vier fremden Menschen. Dann geht es in die nächste Wohnung, zum Dessert ...

So funktioniert´s:

Anmelden → Ort wählen → Tag aussuchen → Kochen und essen gehen

b) Wie war der Abend? Ergänzen Sie die Pronomen im Dativ oder Akkusativ.

1. Hallo, ihr wart doch auch bei „Fremd essen gehen". Wie hat es .... geschmeckt?
   Naja, das Fleisch war ziemlich trocken. Sie haben .... zu lange gebraten.
2. Wo ist Eva? Ich wollte .... zu ihrem tollen Dessert gratulieren.
   Keine Ahnung. Ich habe .... vor zwei Minuten noch in der Küche gesehen..
3. Ich habe bei Tanja und Ingo zu viel Eis gegessen. Jetzt geht es .... nicht so gut.
   Trink einen heißen Tee. Das hat .... auch schon oft geholfen.
4. Ich möchte das auch einmal machen. Meldest du .... an?
   Nächsten Samstag ist wieder ein Termin frei. Natürlich melde ich .... im Internet an.

2 Leben in Deutschland

1 Viermal Urlaub in Deutschland

a) Sehen Sie sich die Fotos an. Was glauben Sie, wer reist wohin? Ordnen Sie zu.

1. Anna ☐
2. Holger ☐
3. Irene ☐
4. Enrico ☐

Anna, 22 liebt die Natur und Sport. Sie erlebt gern spannende Abenteuer.

Holger, 62 hat viele Interessen: Geschichte, Kultur und Kunst. Er reist gerne allein und sieht sich alles in Ruhe an.

Irene, 56 liebt es ruhig. Sie hat einen anstrengenden Job als Restaurantmanagerin. Sie möchte im Urlaub vor allem entspannen.

Enrico, 32 Ein richtiger Naturbursche. Aber er ist auch gern mit Freunden zusammen und mag Entdeckungen.

a Silvester in Berlin

b in den Alpen

c Kunstaktion 2014 zum Krämerbrückenfest in Erfurt

d Nordseeinsel

b) Was kann man wo machen? Ordnen Sie die Aktivitäten den Fotos aus a) zu. Manchmal gibt es mehrere Möglichkeiten.

am Strand liegen – angeln – bergsteigen – wandern – Sehenswürdigkeiten besichtigen – ins Konzert gehen – im Meer schwimmen – reiten – Marathon laufen – ausgehen – spazieren gehen – Vögel beobachten

c) Lesen Sie die Texte und überprüfen Sie Ihre Vermutung aus a).

Liebe Andrea,
hier ist es sehr schön. Ich mache lange Spaziergänge am Strand, esse gut und schlafe viel. Gestern hat den ganzen Tag die Sonne geschienen und ich habe im Strandkorb gesessen und dein Buch gelesen. Es ist sehr spannend!
Viele Grüße aus Sylt,
deine Irene

Andrea Dunkel
Feldweg 39
50155 Herne

Hallo Jens,
Berlin ist toll! Wir waren auf der Silvesterparty am Brandenburger Tor. Zusammen mit vielen, vielen anderen. Auf einer so großen Party war ich noch nie. Heute haben wir sehr lange geschlafen und gleich gehen wir zum Inder. Man kann hier wirklich günstig essen.
Grüß die anderen! Bis bald
Enrico

Jens Kippert
Türkenstr. 29
80799 München

Senden | Optionen
Datei Bearbeiten Ansicht Einfügen Format Extras Aktionen ?

Liebe Ursula,
auf meiner Reise durch Thüringen bin ich heute in Erfurt, das ist die Landeshauptstadt.
Hier ist gerade das Krämerbrückenfest und dieses Jahr hat sich die Stadt zusammen mit dem Verband Bildender Künstler Thüringen etwas ganz Besonderes ausgedacht: Die Krämerbrücke ist mit 112 bunten Schirmen geschmückt. Das sieht wirklich schön aus. Findest du nicht?

Liebe Grüße,
Holger

Senden
Datei Bearbeiten Ansicht Einfügen Format Extras Aktionen ?

Hallo,
die Alpen sind einfach toll! Heute habe ich eine 8-stündige Bergwanderung gemacht. Die Natur ist wahnsinnig. Morgen geht es auf den Watzmann, der Berg ist 2.713 m hoch!
Das ist nicht einfach, aber ich habe mich ja gut vorbereitet und wir gehen die etwas leichtere Route. Ich schicke dir ein Foto, wenn ich oben bin.
Liebe Grüße
Anna

d) Lesen Sie die Aussagen. Zu welcher Person passen sie? Ordnen Sie den Namen zu.

1. .... war in der Hauptstadt von Deutschland.
2. .... hat vor dem Urlaub trainiert.
3. .... freut sich über eine Aktion zum Stadtfest.
4. .... hatte Glück mit dem Wetter.
5. .... hat lange gefeiert.
6. .... hat sich für den Urlaub ein Buch ausgeliehen.
7 .... besucht nicht nur eine Stadt.
8. .... ist in Bayern.

7 Vom Land in die Stadt

1 Schönes Landleben? **Lesen Sie den Artikel und die Kommentare. Zu welchen Textzeilen passen die Kommentare?**

http://www.lebenheute.de/

So schön ist es nur auf dem Land, oder?

Viele Menschen aus der Stadt denken bei dieser Frage zuerst an viel Natur, gute Luft und Ruhe, wenig Verkehr, schöne Bauernhöfe mit Tieren und viel Platz für die Kinder. Das Obst und Gemüse kommt aus dem eigenen Garten, Milch und Eier vom Bauernhof und das Brot aus dem eigenen Backofen. Und die Mieten sind nicht so hoch wie in der Stadt. In einem Dorf lebt man gut, gesund und günstig. Man ist viel draußen, jeder kennt jeden und alle haben viel Zeit für die Familie, Freunde und für ihre Hobbys. Dieses Bild vom schönen Landleben kennen wir aus bunten Magazinen und aus dem Fernsehen. Aber der Alltag auf dem Land sieht oft ganz anders aus: Ein schöner Garten macht viel Arbeit. Zum Einkaufen oder für die Fahrt zur Arbeit braucht man ein Auto, denn oft sind die Busverbindungen schlecht. Die Kinder muss man nachmittags zum Sport oder Musikunterricht bringen. Auch die Wege zum Arzt oder ins Krankenhaus sind weit.
Sie haben beim letzten Einkauf den Kaffee vergessen? In einer großen Stadt ist das kein Problem, denn in der Nähe gibt es bestimmt einen Supermarkt, ein Café oder einen Bäcker. Langweilig ist es auch nie, denn abends läuft im Kino in der Nähe bestimmt ein interessanter Film, und eine nette Kneipe ist auch nicht weit. Ein Auto braucht man nicht, weil Bus und U-Bahn regelmäßig und auch nachts fahren. Spazierengehen und Joggen kann man im Stadtpark, den es in jeder Stadt gibt.
Heute gibt es in Deutschland immer mehr Dörfer mit immer weniger Menschen. Viele junge Familien mit Kindern ziehen in eine Stadt, weil sie nur dort Arbeit finden. In den meisten Dörfern leben heute schon mehr alte als junge Menschen. Kindergärten, Schulen, Geschäfte, die Post und Banken schließen und viele Häuser stehen leer. So schön frisch und romantisch wie das Bild vom Landleben aus Fernsehen und Magazinen ist das sicher nicht!

Kommentare	**Zeilen**
Maxwell Ich lebe in einem Hochhaus. Meine Nachbarin leiht sich auch manchmal Kaffee bei mir aus. Ich kenne sie schon lange und wir helfen uns immer.	14–15
AniAna Ich bringe meine Kinder auch immer zur Musikschule. Das ist nicht weit, aber ich möchte nicht, dass sie alleine mit der U-Bahn fahren. Sie sind noch zu klein.	....
Lisl89 Wir wohnen in der Stadt. Aber unser Brot backen wir fast immer selbst. Eier, Käse, Obst und Gemüse kaufen wir bei Biobauern auf dem Markt.	....
Socke Das tolle Freizeitangebot in der Stadt ist mir egal. Hier kenne ich alle. In meinem Sportverein oder in der Dorfkneipe treffen wir uns – auch ohne Terminkalender. Das finde ich gut.	....
PIPU Ich möchte mir gar nicht vorstellen, wie es in unserem Dorf in zehn oder zwanzig Jahren aussieht.	....
IRENEX Wir sind nicht mehr die Jüngsten und wollen wieder in die Stadt ziehen. Da sind die Wege kürzer und man ist auch schneller beim Arzt.	....
DolceVita Das verstehe ich gut. Sicher ist das Leben mit Kindern auf dem Land schön, aber ohne Arbeit... Was soll man da machen?	....

2 Leben auf dem Land

a) Notieren Sie fünf Vorteile und fünf Nachteile. Der Text in Aufgabe 1 hilft.

Vorteile		Nachteile	
....	☐	....	☐
....	☐	....	☐
....	☐	....	☐
....	☐	....	☐
....	☐	....	☐

20 **b) Hören Sie das Interview mit Frau Langhans. Vergleichen Sie ihre Aussagen mit Ihrer Tabelle. Was ist gleich? Kreuzen Sie an.**

3 Zu Hause – wo ist das?

a) Was passt zusammen? Verbinden Sie.

☐ Ich bin da zu Hause,	1		a	und möchten hier auch bleiben.
☐ Wir müssen beruflich oft umziehen	2		b	da fühle ich mich wohl.
☐ Wo man mich kennt,	3		c	wo meine Familie ist.
☐ Wir leben in meinem Elternhaus	4		d	weil das Stadtleben zu stressig ist.
☐ Mein Zuhause ist mein kleines Dorf,	5		e	und fühlen uns fast überall zu Hause.

20 **b) Hören Sie noch einmal das Interview aus Aufgabe 2. Wo fühlt Frau Langhans sich zu Hause? Kreuzen Sie in a) an.**

4 Stadt und Land. **Vergleiche. Ergänzen Sie *so ... wie* oder *als*. Bei Vergleichen mit *als* streichen Sie eine Lücke wie im Beispiel.**

1. Vielen gefällt das Leben auf dem Land ..../........ besser ...als... das Leben in der Stadt.
2. Aber in der Stadt lebt man nicht .... ruhig .... in einem Dorf.
3. In den Städten gibt es .... mehr Verkehr .... auf dem Land.
4. Oft sind die Busverbindungen auf dem Land .... schlechter .... in der Stadt.
5. Die Mieten sind in der Stadt .... höher .... auf dem Land.
6. Auf dem Land ist das Kulturprogramm nicht .... attraktiv .... in einer Stadt.
7. In Kleinstädten ist das Freizeitangebot auch nicht viel .... schlechter .... in der Großstadt.
8. In einem Dorf hat man nicht .... viele unbekannte Nachbarn .... in der Stadt.
9. Der Weg zur Arbeit oder zum Einkaufen ist in der Stadt nicht .... weit .... auf dem Land.

5 **Ein Gespräch unter Kollegen. Ergänzen Sie den Dialog mit den Verben *sein* und *haben* im Präteritum.**

Stefan: Wir ...hatten... vor zwei Jahren noch eine Altbauwohnung in der Stadt. Dann sind wir aufs Land gezogen. Das .... eine gute Entscheidung, aber am Anfang .... es für uns nicht so einfach. Wir .... zuerst keinen Kindergartenplatz für unsere Tochter und wir .... nur ein Auto. Aber jetzt ist alles organisiert und die ganze Familie ist mit dem Leben auf dem Dorf sehr zufrieden!

Kai: Jetzt mal ehrlich, Stefan, ich komme aus einem kleinen Dorf und da .... es früher schon nicht besser als in der Stadt. Sicher, wir .... als Kinder viel Platz zum Spielen und unsere Nachbarn .... auch ganz nett. Ich meine ja auch nicht, dass alles schlecht .... Aber schon mit 14 wollte ich nur noch weg. Meine Schulfreunde aus der Stadt .... im Kino, und ich habe zu Hause gesessen und das .... furchtbar langweilig.

Stefan: Naja, in dem Alter .... wir bei uns in Hamburg aber auch nicht oft im Kino. Ich .... gar nicht so viel Geld! Aber ihr .... auf dem Land doch schon Internet, oder?

Kai: Internet? Bei uns, damals? Ich .... schon froh, dass ich fernsehen durfte.

6 **Modalverben *können, müssen, wollen* und *dürfen* im Präteritum. Ergänzen Sie die Modalverben und schreiben Sie die Antworten.**

1. Ihre Altbauwohnung gefällt mir. Sie ist sicher nicht ganz billig. ...Mussten... Sie **lange suchen**?
   Nein, wir mussten nicht lange suchen. Der Vermieter ist ein Kollege von mir.
2. Zum Glück .... ich auch nach der Schule noch **bei meinen Eltern wohnen**.
   Das war bei mir nicht möglich. Ich konnte ....
   weil es auf dem Land keine Universitäten gibt.
3. .... Tina eigentlich **alleine leben**? Ich meine, sie war doch erst 16. Ihre Eltern waren bestimmt dagegen, oder?
   Nein, ... Bis sie 18 war, hat sie bei einer Tante gewohnt.
4. .... du **im Haushalt helfen**, als du noch bei deinen Eltern gewohnt hast?
   Ja, ...
   Ich habe zum Beispiel jeden Samstag die Schuhe geputzt.
5. .... ihr eigentlich schon immer **aufs Land ziehen**?
   Nein, ... In der Stadt hat es uns viel besser gefallen. Aber leider sind die Mieten dort sehr hoch und wir hatten auch keinen Garten.

7 Die Wohnungsbesichtigung

a) Wer sagt was? Markieren Sie zuerst Mieter (M) oder Vermieter (V). Ordnen Sie dann den Dialog.

M	V		
☐	☒	………	Dann müssen Sie sich aber beeilen! Eine Wohnung in dieser Lage kann schnell weg sein!
☐	☐	…1…	Guten Tag. Haben wir für heute einen Termin gemacht?
☒	☐	………	Der Teppich gefällt mir, aber es ist hier sehr laut. Da unten ist eine Bushaltestelle, oder?
☐	☐	………	Ja, wir haben gestern telefoniert. Mein Name ist Schubert.
☐	☐	………	Ja, das ist schon mit Nebenkosten. Was meinen Sie?
☐	☐	…4…	Wo ist das Schlafzimmer?
☐	☐	………	Das Bad ist gleich neben der Küche. Beide Räume sind schön hell. Interessieren Sie sich für die Wohnung?
☐	☐	………	Ach so, dann kommen Sie bitte herein. Ich zeige Ihnen am besten zuerst die Wohnung. Es gibt drei Zimmer, eine kleine Küche und ein Bad.
☐	☐	………	Ja, aber nachts ist es hier viel ruhiger. Da gibt es nicht so viel Verkehr.
☐	☐	………	Das ist hier neben dem Wohnzimmer. Der Boden ist ganz neu.
☐	☐	………	Ich finde sie etwas teuer. In der Anzeige steht, die Wohnung kostet 770 Euro. Das ist die Warmmiete, oder?
☐	☐	………	Ich weiß nicht, die Wohnung ist für den Mietpreis wirklich nicht besonders groß. Ich rufe Sie vielleicht wieder an.
☐	☐	………	Na ja, die Busse fahren aber bis Mitternacht. Und wo ist das Badezimmer?

b) Welche Anzeige passt zu der Wohnung im Dialog? Kreuzen Sie an.

1. ☐
Marktviertel, zentrale 3-Zi.-AB-Whg., 83 m², renoviert, 820 Euro + 1640 Euro Kaution, Tel.: 48 86 77 32

2. ☐
3 ZKB, 77 m², zentral, hell, 770 Euro WM. Besichtigung nach Vereinbarung, Tel.: 5647329

3. ☐
Sehr ruhige, helle 2-Zi-Whg., Nähe U-Bahnhof Lindenstraße (U2), WM 770, Besichtigung am Sa., 16 Uhr) 67548763

8 „Was ich Sie noch fragen wollte ..."

a) Schreiben Sie indirekte Fragesätze mit dem Fragewort oder mit *ob*.

1. Ist die Wohnung in der Kantstraße noch frei?
   Ich habe Ihre Anzeige gelesen und möchte gerne wissen, *ob die Wohnung noch frei ist*.
2. Gibt es einen Park in der Nähe?
   Schön. Wissen Sie, ...?
3. Gehört zu der Wohnung auch ein Parkplatz?
   Mich interessiert noch, ...
4. Wie hoch sind die Nebenkosten?
   Können Sie mir auch sagen, ...?
5. Wann kann ich die Wohnung besichtigen?
   Dann möchte ich gerne wissen, ...

21

b) Hören Sie das Telefonat und beantworten Sie die Fragen aus a).

1. Ja, die Wohnung ist noch frei.

9 Nach dem Umzug. **Anette beschreibt ihre neue Wohnung. Was ist wo? Ergänzen Sie die Präpositionen und die Artikel im Dativ.**

neben (4x) – vor (2x) – an – zwischen – hinter

Leipzig, 05.10.2015

Liebe Sushila,

wie geht es dir? Ich habe dir eine Zeichnung von unserer neuen Wohnung gemacht. Das Wohnzimmer ist der größte Raum. Rechts neben der *Tür steht der graue Sessel* .... *Fernseher. Links* .... *der Tür ist das Bücherregal und* .... *Regal ist die Sofaecke. Das ist richtig gemütlich! Die Küche ist rechts* .... *Wohnzimmer. Unser Schlafzimmer ist* .... *Arbeitszimmer und* .... *Bad.*

Das Arbeitszimmer ist etwas kleiner als die Küche, aber groß genug. Mein Schreibtisch steht wieder .... *Fenster. Unser Schlafzimmer ist schön groß. Das Bett steht links* .... *Wand und der Kleiderschrank rechts* .... *Fenster. Schön, oder? Du musst uns bald mal besuchen!*

Viele Grüße
Annette

10 Kein guter Tag …

a) Was passierte zuerst, was dann …? Bringen Sie die Bilder in die richtige Reihenfolge.

b) Alicia ruft Bernd an. Hören Sie den Dialog und überprüfen Sie Ihr Ergebnis aus a).

22

c) Schreiben Sie die Geschichte in Ihr Heft. Die Stichwörter helfen.

- Bernds Mutter: im Garten gearbeitet
- in den Finger geschnitten
- Bernd: Pflaster gesucht, den Kopf gestoßen
- drei Stunden später: immer noch starke Kopfschmerzen
- ins Krankenhaus gefahren
- wieder zu Hause: Bernd ist gefallen
- Hand gebrochen

Kein guter Tag!
Bernds Mutter hat im Garten …
Dann hat sie sich …
und Bernd ist …

11 Räumen Sie auf! Was kommt in die Hausapotheke? Ergänzen Sie die Tabelle.

in die Hausapotheke	nicht in die Hausapotheke
das Pflaster, ……	……
……	……
……	……
……	……
……	……
……	……
……	……

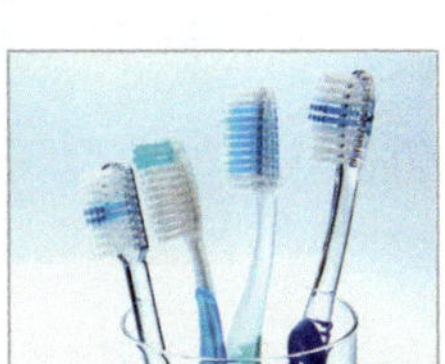

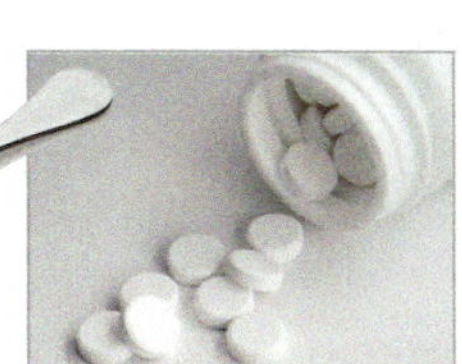

8 Kultur erleben

1 Das ganze Jahr Kultur erleben

a) **Wortfeld Kultur und Kulturveranstaltungen. Lesen Sie die Webseite und ergänzen Sie das Wörternetz.**

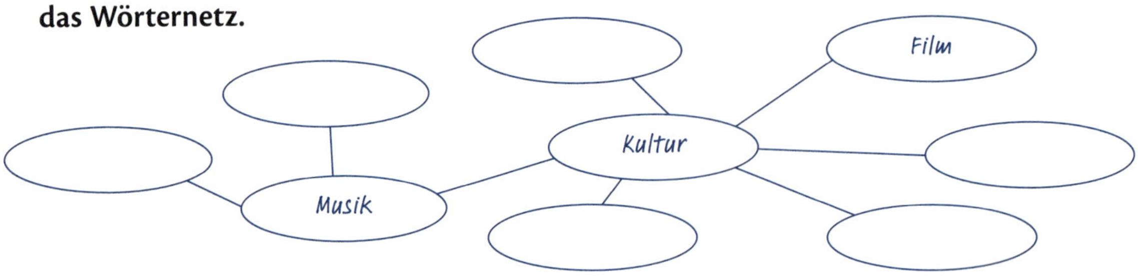

http://www.purekultur.de/

Startseite | Feste & Festivals | Messen & Ausstellungen | Musik &Theater

Das ganze Jahr Kultur erleben

Sie mögen Erholung in der Natur, Feste und Festivals, gute Weine und leckeres Essen oder interessieren sich für neue Freizeittrends oder für Kunst und Geschichte? Erleben Sie das ganze Jahr über Feste, Messen, Ausstellungen und Kulturfestivals mit attraktiven Programmen für alle Alters- und Interessengruppen. Besuchen Sie uns in Deutschland! Hier können Sie das ganz Jahr Kultur erleben!

Im Frühling wird das Wetter langsam besser und die Biergärten und Eiscafés stellen ihre Tische in die Sonne. Das ist ein guter Zeitpunkt für eine Städtereise. In Köln findet im April z. B. die älteste Kunstmesse der Welt, die *Art Cologne* statt, und in Berlin zeigt die *International Games Week* die neuesten Spiele-Trends. Günstige Schätze finden Sie auf kleinen und großen Flohmärkten, die es in fast allen Städten gibt.

Im Sommer feiern nicht nur junge Leute aus der ganzen Welt auf zahlreichen Straßenfesten. Die *Fete de la Musique*, die man am 21. Juni in vielen verschiedenen Städten feiert, oder der Karneval der Kulturen in Berlin und die vielen Straßentheater-Festivals laden in dieser Jahreszeit zu einem Besuch ein – alles ohne Eintritt! Auch Klassikfreunde genießen den Sommer: Große Veranstaltungen wie das *Schleswig-Holstein Musik Festival* oder die berühmten *Bayreuther Wagner-Festspiele* in Bayern bieten im Juli und August tolle Konzerte an.

Dann kommt der Herbst und mit ihm die Weinfeste am Rhein und Main, an der Mosel, am Neckar und an der Saale, die zahlreichen Erntefeste und natürlich auch das größte Bierfest der Welt, das Oktoberfest.

Deutschland ist aber auch als Literatur- und Bücherland bekannt. Jedes Jahr trifft sich die Verlagswelt im Herbst zur Internationalen Frankfurter Buchmesse und im März auf der kleineren Leipziger Buchmesse. Draußen ist es kalt. Das ist genau der richtige Moment für ein gutes Buch oder einen schönen Film. Vielleicht findet deshalb auch die Berlinale, die zu den großen internationalen Filmfestivals gehört, jedes Jahr im Winter statt.

b) Diese Menschen planen eine Reise nach Deutschland. Wo finden Sie auf der Webseite weitere Informationen?

a Feste & Festivals   b Messen & Ausstellungen   c Musik & Theater

1. ☐ May Pascual geht gerne ins Kino. Sie möchte die Berlinale besuchen.
2. ☐ Ilpo Mikkonen möchte sich über aktuelle Trends und Computerspiele informieren.
3. ☐ Mable Smith ist ein großer Fan von moderner Kunst.
4. ☐ Sandro Monti hat schon viel vom Oktoberfest gehört und möchte es einmal selbst erleben.
5. ☐ Wong Kah Wai interessiert sich für klassische Konzerte.
6. ☐ Kaia Mboge interessiert sich für Literatur. Sie hat schon viele deutsche Autoren gelesen.
7. ☐ Marc Nelson möchte die deutschen Weine kennenlernen.

2 Ein Kulturkalender

a) Max ist Kulturjournalist für eine große Zeitung. Sehen Sie sich seinen Kalender und die Fotos an. Zu welchen Veranstaltungen passen Sie?

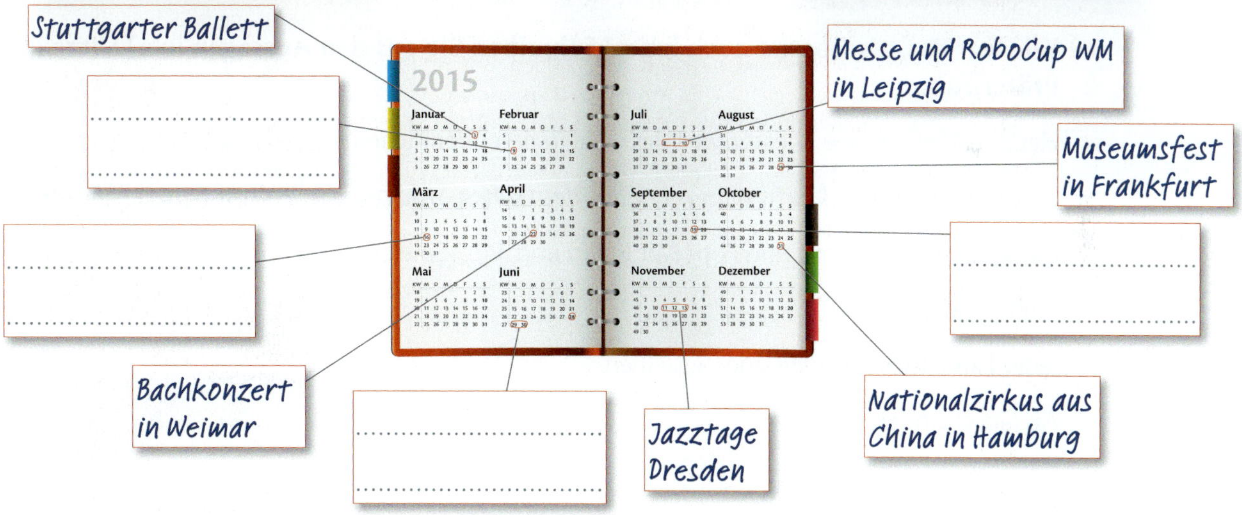

b) Wo war Max wann? Ergänzen Sie mit dem Dativ wie im Beispiel.

1. *in*: Im Januar war Max *im Stuttgarter Ballett*
2. *auf*: Max war im April ……
3. *auf*: …… war er im Juli.
4. *auf*: Im August war er ……
5. *in*: Max war im Oktober ……
6. *auf*: Im November war er ……

23 **c) Hören Sie das Interview mit Max und ergänzen Sie den Kalender aus a).**

Berlinale – Buchmesse Leipzig – Oktoberfest – Theaterfestival Köln

3 Wortfeld Kultur. Ein Wort passt nicht. Streichen Sie es durch.

1. Eintritt: Theater – ~~Picknick~~ – Ballett – Konzert – Ermäßigung
2. Literatur: Autor – Romanheld – Ticket – Lesung – Verlag
3. Musik: Galerie – Oper – Tanz – Konzert – Chor
4. Theater: Kartenreservierung – Reihe – Unterkunft – Parkett – Schauspieler
5. Museum: Bilder – Zirkus – Kunst – Sammlung – Ausstellung
6. Kino: Filmfestival – Regisseur – Abendkasse – Programm – Verein

4 Kultur früher und heute

a) Zu Goethes Zeiten. Welche Wörter passen zu welcher Aussage? Ordnen Sie zu.

a **Kunst** b **Literatur** c **Mode** d **Musik**
e **Verkehr** f **Schauspiel** g **Universität**

1. [c] Nur die Reichen haben elegante französische Kleider.
2. [ ] Man baut in vielen deutschen Städten die ersten Theaterhäuser.
3. [ ] Reisen dauern lange und sind anstrengend.
4. [ ] Frauen dürfen nicht studieren.
5. [ ] Der Konzertbesuch ist ein seltenes und teures Erlebnis.
6. [ ] Es gibt nur private Sammlungen.
7. [ ] Es gibt nur wenige Verlage und keine öffentlichen Bibliotheken.

b) Wie war das, als Goethe noch lebte? Schreiben Sie aus den Aussagen in a) Sätze im Präteritum.

1. Heute schließen viele Theater, weil das Geld in den öffentlichen Kassen fehlt.
   Zu Goethes Zeiten *baute man in vielen deutschen Städten die ersten Theaterhäuser.*
2. Klassik oder lieber Rock und Pop? Mit Radio und Mp3-Spieler ist das auch im Alltag kein Problem.
   Früher *war* ……
3. Jeder kann Bücher kaufen oder ausleihen.
   Als Goethe noch lebte, ……
4. Wir sind viel, schnell und günstig unterwegs.
   Vor 200 Jahren ……
5. Es gibt viele Ausstellungen in Museen und Galerien.
   Um das Jahr 1800 ……
6. Aktuelle Modetrends kommen aus der ganzen Welt und müssen nicht teuer sein.
   Zu Goethes Zeiten ……
7. Heute arbeiten an den Universitäten auch viele Professorinnen.
   Als Goethe noch lebte, ……

5 Verliebt, verlobt, verheiratet

a) Lesen Sie die Geschichte von Goethes „Hermann und Dorothea". Was ist das Problem von Hermann? Markieren Sie im Text.

Dorothea musste ihre Heimat verlassen. Sie reiste allein, denn ihre Eltern und ihr Verlobter lebten nicht mehr. Sie lebte auf der Straße und kümmerte sich liebevoll um kleine Kinder, die auch keine Eltern hatten und allein waren. Hermann wohnte bei seinen reichen Eltern und hatte keine Probleme. Als seine Mutter ihn mit Lebensmitteln zu den Menschen auf der Straße schickte, lernte er Dorothea kennen. Er verliebte sich sofort in sie und sagte seinen Eltern, dass er sie heiraten will. Die Mutter freute sich, aber der Vater war gegen die Hochzeit von Hermann und Dorothea. Sein Sohn sollte eine Frau mit Geld aus einer guten Familie heiraten. Da hatte Hermann eine Idee: Dorothea soll bei ihm zu Hause arbeiten. Als Hermanns Vater Dorothea besser kennenlernte und merkte, dass sich Hermann und Dorothea wirklich liebten, durften sie heiraten.

b) Lesen Sie nun die unterstrichenen Sätze noch einmal und schreiben Sie passende W-Fragen.

wo – ~~warum~~ – wann – was – wen – wann

1. Warum *reiste Dorothea allein?*
2. ....
3. ....
4. ....
5. ....
6. ....

6 Verliebt – und dann? Vergleichen Sie „Die Leiden des jungen Werther" (KB, S. 149) und „Hermann und Dorothea". Werther [W], Hermann [H] oder beide? Kreuzen Sie an.

	W	H
1. Er verliebt sich sofort in die Frau.	☐	☐
2. Er sieht, dass sie Kinder mag.	☐	☐
3. Seine Liebste hat keine Mutter mehr.	☐	☐
4. Er kennt den Verlobten der Frau.	☐	☐
5. Sein Vater ist gegen die Heirat.	☐	☐
6. Die Frau möchte ihn nicht heiraten.	☐	☐
7. Er heiratet sie am Ende doch.	☐	☐
8. Seine Geschichte endet tragisch.	☐	☐

7 Lyonel Feininger. Eine Biografie

a) Ergänzen Sie passende Verben im Präteritum.

machen – sein – reisen – ~~leben~~ – besuchen

Der Maler und Grafiker Lyonel Feininger lebte von 1871 bis 1956. Seine Eltern .... erfolgreiche Musiker. Mit 16 Jahren .... er zum ersten Mal von seiner Geburtsstadt New York nach Deutschland. Er .... seine Eltern, die gerade eine Konzertreise ....

b)

haben – heiraten (2x) – trennen – studieren – arbeiten – kennen lernen

Von 1890 bis 1891 .... er in Belgien am Collège Saint Servais in Liège und später noch in Berlin und Paris. In Berlin .... er auch ein paar Jahre als Zeichner für verschiedene Zeitungen. 1901 .... er zum ersten Mal. Aber dann .... er 1903 die Künstlerin Julia Berg .... und .... sich von seiner Frau Clara und seinen beiden Töchtern. 1908 .... er Julia. Sie .... zusammen drei Söhne.

c)

ausstellen – haben (2x) – dürfen – lehren – gründen – ~~holen~~ – reisen

1919 holte Walter Gropius Feininger zur Gründung des Staatlichen Bauhauses nach Weimar. Dort .... er bis 1926 als „Meister der Formlehre". Feininger .... viele Kontakte zu wichtigen Künstlern.

1924 .... er zusammen mit Wassily Kandinsky, Paul Klee und Alexej von Jawlensky die Gruppe „Die blaue Vier", die schon ein Jahr später ihre Bilder in New York .... Ab 1933 .... er in Deutschland als Künstler Probleme. 1937 .... er mit seiner Familie nach New York zurück. Seine Werke sind bis heute weltbekannt. Das Bild „Die Kirche in Benz" .... 2010 sogar nach Usedom zurückkommen. Man kann es im Kunst-Kabinett in Benz sehen.

8 **Wann war das?** **Lesen Sie den Text in Aufgabe 7 noch einmal und beenden Sie die Sätze mit *als*.**

~~16 Jahre alt sein~~ – in Deutschland Probleme haben – in Berlin sein – in Weimar arbeiten – Julia kennenlernen – das Staatliche Bauhaus gründen

1. Lyonel Feininger reiste zum ersten Mal nach Deutschland, *als er 16 Jahre alt war.*
2. *Als* ...., arbeitete er für verschiedene Zeitungen als Zeichner.
3. Er trennte sich schon 1903 von seiner ersten Frau, ...
4. Walter Gropius holte Feininger 1919 nach Weimar, ...
....
5. ...., war Feininger bis 1926 „Meister der Formenlehre".
6. ...., kehrte er mit seiner Familie nach New York zurück.

24

9 **Hannes war in Weimar.**

a) **Hören Sie seinen Podcast. Was hat er in Weimar besichtigt? Kreuzen Sie links an.**

		👍	👎
1. ☐	das Bauhausmuseum	☐	☐
2. ☐	die Herzogin Anna Amalia Bibliothek	☐	☐
3. ☐	Goethes Wohnhaus	☐	☐
4. ☐	Goethes Gartenhaus	☐	☐
5. ☐	das Liszt-Haus	☐	☐
6. ☐	das Deutsche Nationaltheater	☐	☐

b) **Was hat Hannes gut gefallen? Was nicht so gut? Hören Sie den Podcast noch einmal und kreuzen Sie in a) an.**

10 **Städtereisen**

a) **Verbinden Sie die Aktivitäten.**

Vom Flughafen zum Hotel	1	a	online buchen.
Tickets	2	b	besuchen.
Spezialitäten aus der regionalen Küche	3	c	machen.
Abends ins Theater	4	d	ein Taxi nehmen.
Museen und Galerien	5	e	probieren.
Einen schönen Einkaufsbummel	6	f	schreiben.
Im Park	7	g	gehen.
Postkarten	8	h	lange schlafen.
Jeden Morgen	9	i	spazieren gehen.

(1 – d)

b) **Schreiben Sie zu jeder Verbindung aus a) einen Satz.**

Wir nehmen vom Flughafen zum Hotel nie ein Taxi. Das ist zu teuer.

9 Arbeitswelten

1 Mechatronikerin für Kältetechnik

a) Warum ist dieser Beruf wichtig? Lesen Sie schnell und kreuzen Sie an.

1. ☐ Klimaanlagen gibt es fast überall.
2. ☐ Man muss große Kälteanlagen regelmäßig kontrollieren.
3. ☐ Wir brauchen Arbeitsplätze für Frauen.

b) Qualifikation [Q] oder Tätigkeit [T]? Ordnen Sie die markierten Textstellen zu.

Ein echt ‚cooler' Job.

Du hast Spaß an Technik, interessierst dich für Elektronik, und bist gut in Mathematik? Du arbeitest auch gerne mit deinen Händen? ☐ Dann ist eine Ausbildung zum/zur Mechatroniker/-in für Kältetechnik vielleicht das Richtige für dich!

Die Installation, Kontrolle und Reparatur von Kältesystemen in großen Kühl- oder Büro- und Geschäftshäusern stehen in diesem Beruf im Zentrum. ☐ Und nach der Ausbildung gibt es viele tolle Jobs in Industrie und Handwerk – nicht nur in Deutschland!

Frauen sieht man leider eher selten in diesem Beruf. Die 20-Jährige Juli K. meint: „Das verstehe ich nicht. Ich finde es toll, dass man in diesem Beruf den Alltag verbessern kann. Zum Beispiel steht in jedem Haushalt ein Kühlschrank. Er muss funktionieren. Und mit einer Klimaanlage steigt die Temperatur in Autos, Bussen, Büros, Geschäften und zu Hause auch bei großer Hitze nicht über 22°C. Ohne Kältetechnik ist das nicht möglich. Ich finde den Beruf spannend und möchte die verschiedenen elektronischen Systeme verstehen."

Mit Klimaanlagen steigt die Temperatur im Gebäude auch bei großer Hitze nicht über 22°C.

Juli findet, dass dreieinhalb Jahre Ausbildung nicht zu lang sind, wenn man so viel lernen muss. Sie ist im zweiten Ausbildungsjahr und kann kleine Reparaturen in der Werkstatt oder auch beim Kunden schon selbst machen. ☐ Das findet sie manchmal noch ganz schön schwierig, denn die Kühlsysteme sind nicht alle gleich. Man muss gelassen bleiben ☐, denn die Fehlersuche kann lange dauern. „Im Handwerksbetrieb müssen Mechatroniker für Kältetechnik vor allem ruhig bleiben und sehr genau arbeiten. ☐ In meinem Beruf muss ich jeden Tag nach Lösungen für ein neues technisches Problem suchen. ☐ Das ist nie langweilig!", erklärt Steffi. Und genau deshalb kann sie sich auch keinen anderen Beruf vorstellen!

c) Vergleichen Sie die Fakten zur Ausbildung mit dem Text. Welche Informationen sind neu? Kreuzen Sie an.

1. ☐ **Ausbildungsdauer:** Die Ausbildung dauert dreieinhalb Jahre.
2. ☐ **Ausbildungsorte:** Zwölf Wochen im Jahr gehen die Auszubildenden in die Berufsschule. Oft findet der Unterricht zum Beispiel in einer Woche pro Monat statt. Die anderen drei Wochen sind die Auszubildenden dann im Betrieb.
3. ☐ **Qualifikationen:** Man braucht technisches Verständnis, Interesse an Elektronik und gute Mathematikkenntnisse.
4. ☐ **Einkommen:** In der Ausbildung verdient man zwischen 500 und 680 Euro im Monat.
5. ☐ **Ein Job mit Zukunft:** Für unseren Alltag ist Kältetechnik sehr wichtig. Mechatroniker/-innen für Kältetechnik finden auch im Ausland ohne Probleme Arbeit.

2 **Arbeitsorte. Wer arbeitet wo? Sehen Sie die Fotos an und ergänzen Sie die Sätze.**

1. Gärtner arbeiten *auf dem Feld* und ....
2. Architekten verbringen viel Zeit .... und ....
3. Landwirte haben .... und .... immer viel Arbeit.
4. Die meisten Mechatroniker arbeiten .... oder ....

3 **Berufsbild medizinische/r Fachangestellte/r**

a) **Was passt zusammen? Ergänzen Sie die Verben.**

schreiben – führen – bestellen – helfen – vereinbaren – ~~reinigen~~ – recherchieren – sprechen

1. ☐ Geräte *reinigen*
2. ☐ Medikamente ....
3. ☐ Termine ....
4. ☐ Telefonate ....
5. ☐ Rechnungen ....
6. ☐ mit Patienten ....
7. ☐ den Ärzten ....
8. ☐ Informationen ....

b) **Lesen Sie die Information und unterstreichen Sie alle Tätigkeiten. Kontrollieren Sie Ihre Lösung in a).**

Medizinische/r Fachangestellt/e

Medizinische Fachangestellte helfen Ärzten oder Ärztinnen bei der Arbeit. Zu ihrem Arbeitsbereich gehören neben dem Kontakt mit den Patienten auch allgemeine Aufgaben in der Praxisorganisation. Sie führen Telefonate, vereinbaren Termine und sprechen mit den Patienten, schreiben Rechnungen für die Privatpatienten und Krankenversicherungen, kümmern sich um die Bestellung von Medikamenten und die Reinigung von medizinischen Geräten. Manchmal müssen Sie für die Ärzte auch in der medizinischen Fachliteratur oder im Internet Informationen recherchieren.

25

c) **Fünf Fragen zum Beruf. Hören Sie das Interview. Welche Tätigkeiten nennt Frau Waller? Kreuzen Sie in a) an.**

4 **Nomen mit *-ung*. Sehen Sie sich die Verben an und ergänzen Sie die Sätze.**

1. rechnen: Haben wir die *Rechnung* für die neuen Computer schon bezahlt?
2. beraten: Bei der Berufswahl braucht man unbedingt eine gute ....
3. bestellen: Kann es sein, dass Sie unsere .... vergessen haben?
4. bewerben: Hast du deine .... schon an die Praxis geschickt?
5. umschulen: Ute war Floristin. Nach ihrem Unfall hat sie eine .... gemacht.
6. ausbilden: Peter hat seine .... zum Koch in einem Schweizer Restaurant gemacht.

5 Ein tabellarischer Lebenslauf. **Ordnen Sie die Informationen zu.**

Lebenslauf

Persönliche Daten

Name	Anna Maria Burbach
..1..	Lotter Straße 22 49078 Osnabrück Tel.: (0541) 867 45 32 Annamaria@Burbach.de
geboren am	23.04.1989 in Lingen/Ems
Schulausbildung	
2000–2008	Geschwister-Scholl-Schule in Osnabrück ..2..: Abitur
..3..	
06/2008–07/2008	Betriebspraktikum bei Mediadesign GmbH in Osnabrück
Berufsausbildung	
09/2008–07/2011	Ausbildung zur ..4.. für visuelle Medien, Media AG in München
..5..	
09/2011–05/2013	..6.. in Offenbach
..7..	Zweites Deutsches Fernsehen (ZDF) in Mainz, Marketing
..8..	Englisch (C1), Französisch (B1), Spanisch (A2)
Hobbys	Film, Lesen, Fotografieren

Kauffrau
~~Praktikum~~
Abschluss
07/2013-12/2015
Anschrift
Berufserfahrung
Fremdsprachen
Medienhaus Weiss GmbH

1. ....
2. ....
3. Praktikum
4. ....
5. ....
6. ....
7. ....
8. ....

6 Von Bremerhafen nach Südkorea: eine Berufsbiografie. **Ergänzen Sie die passenden Verben im Präteritum.**

haben – studieren – arbeiten – geben – suchen – wollen – kennenlernen – ~~machen~~ – machen

Frank Herzog (42) kommt aus Bremerhafen. Nach der Schule machte er zuerst eine Ausbildung zum Mechatroniker und .... danach an der Technischen Universität Hamburg-Harburg Schiffbau. Im Studium .... er auch ein paar Praktika in Bremen, Kiel und in Ulsan, Südkorea. Nach dem Studium .... er nicht lange nach einer Stelle. Er .... Glück und .... schon bald als Ingenieur bei einer Schiffsbaufirma in Hamburg. In der Firma .... er auch seine Frau Myong .... Als es vor vier Jahren in Ulsan für beide Arbeit ...., ... sie sehr gern nach Asien ziehen. Mit ihrem Leben in Südkorea sind sie heute sehr zufrieden.

7 Wortfeld Ausbildung und Beruf

a) Lösen Sie das Rätsel.

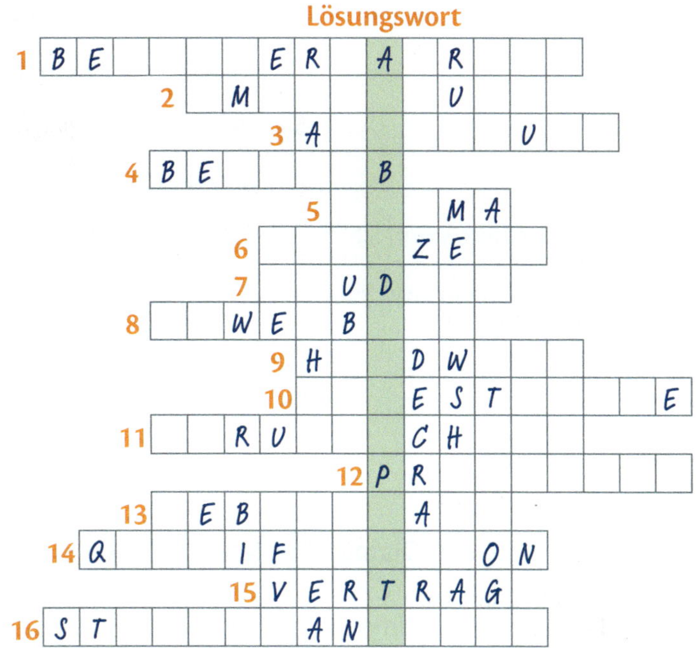

1. Die hat man nach der Ausbildung und ein paar Jahren Arbeit im Beruf.
2. Nach der ersten Ausbildung einen zweiten Beruf lernen.
3. Den hat man nach der Schule oder Ausbildung.
4. + 5. Hier kann man eine Berufsausbildung machen.
6. Nicht Vollzeit, z. B. nur an drei Tagen in der Woche arbeiten.
7. Das machen Studenten an der Universität.
8. Dazu gehört ein tabellarischer Lebenslauf und ein Brief an den Arbeitgeber.
9. In diesem Bereich arbeiten z. B. Maurer, Bäcker und Frisöre.
10. So nennt man Menschen, die in einer Firma oder in einem Betrieb arbeiten.
11. Hier geht es im Unterricht nicht nur um die Theorie zum Beruf.
12. Das machen viele Studenten oder Schüler. So können sie einen Beruf besser kennenlernen.
13. Den muss man bei einer Bewerbung in tabellarischer Form abgeben.
14. Dazu gehören Kenntnisse, Fähigkeiten und Abschlüsse, die für einen Beruf wichtig sind.
15. Den macht man bei jeder neuen Stelle mit dem Arbeitgeber.
16. Auf der Suche nach Arbeit findet man sie in Zeitungen oder im Internet.

b) Wie heißt das Lösungswort?

....

8 Gründe nennen

a) Unterstreichen Sie im Satz nach dem Komma die Verbposition.

1. Jürgen möchte unbedingt Vollzeit arbeiten, ..*weil*...... er dann mehr <u>verdient</u>.
2. Frau Nguyen macht eine Umschulung, ... sie findet in ihrem Beruf keine Arbeit.
3. Vladimir sucht einen Ausbildungsplatz, ... er macht im Juni seinen Schulabschluss.
4. Paul möchte im Sportmanagement arbeiten, ... er den Bereich interessant findet.
5. Mandy hat zwei Jahre nicht gearbeitet, ... sie eine Babypause gemacht hat.
6. Frau Gül liest die Stellenanzeigen, ... sie sucht eine Stelle als Bankkauffrau.

b) Ergänzen Sie jetzt in a) *weil* oder *denn*.

9 Sagen Sie es höflich! *Hätte* oder *könnte*? Ergänzen Sie.

1. Es tut mir leid, aber Herr Dupont ist im Moment in einer Besprechung.
   ...Könnten... Sie in einer halben Stunde wieder anrufen?
2. .... du jetzt einen Moment Zeit? Ich brauche deine Hilfe.
3. .... Sie auch am Montag um 10 Uhr kommen?
4. .... ihr morgen den Monitor zur Reparatur bringen?
5. Es wäre nett, wenn Sie mir einen Kaffee mitbringen ....
6. Ich habe mein Geld vergessen. .... du fünf Euro für mich?
7. Wir .... gern die Rechnung.
8. .... Sie vielleicht die Telefonnummer von Frau Müller?

10 Telefonieren im Beruf

a) **Lesen Sie den Dialog. Was fehlt? Ordnen Sie zu.**

1 Datum 2 Name 3 Uhrzeit 4 Begrüßung 5 Wochentag 6 Ort

- Rieger Baumaschinen, [2] ...Boll... am Apparat. Was kann ich für Sie tun?
- [ ] .... Mein Name ist Öttinger. Ich bin von der Firma Müller und habe heute Nachmittag einen Termin mit Herrn Meininger.
- Das ist richtig. Ihr Termin ist um [ ] ....
- Ja, leider muss ich absagen, weil ich geschäftlich dringend nach [ ] .... muss.
- Kein Problem, Herr Öttinger. Möchten Sie einen neuen Termin machen?
- Gerne. Geht es nächsten Monat, zum Beispiel am [ ] .... um die gleiche Zeit?
- Moment, da muss ich zuerst nachsehen. Das ist ein [ ] .... Ja, das geht.
- Gut. Vielen Dank. Und einen schönen Gruß an Herrn Meininger. Auf Wiederhören!
- Auf Wiederhören, Herr Öttinger.

26 b) **Hören Sie jetzt das Telefonat und ergänzen Sie den Dialog in a).**

11 Fit für den Auswahltest?!

a) Viele Firmen laden Bewerber zu einem Test ein. Sie sollten einige Regeln kennen. Was ist in den folgenden Situationen richtig? Kreuzen Sie an.

1. Was nehmen Sie zum Auswahltest mit?
- a ☐ Kugelschreiber, Bleistift, eine Uhr und Wasser
- b ☐ Einen Glücksbringer, der schon oft geholfen hat.
- c ☐ Das Buch mit den Übungsaufgaben zum Test

2. Sie haben Prüfungsstress. Was machen Sie?
- a ☐ Ich stehe auf und sehe kurz aus dem Fenster.
- b ☐ Ich schließe kurz meine Augen und hole tief Luft. Das entspannt.
- c ☐ Ich mache eine Pause und schicke eine SMS an einen Freund.

3. Darf man zu spät zu einem Auswahltest kommen?
- a ☐ Das ist nicht so schlimm. Jeder kommt mal zu spät.
- b ☐ Nein, auf keinen Fall. Ich komme eine Stunde früher und sehe mir den Betrieb an.
- c ☐ Nein. Besser eine Viertelstunde zu früh als fünf Minuten zu spät.

4. Sie haben Probleme mit einer Aufgabe. Was machen Sie?
- a ☐ Ich bitte den Testleiter/die Testleiterin um Hilfe.
- b ☐ Ich schaue in mein Übungsbuch.
- c ☐ Ich will keine Zeit verlieren und mache mit der nächsten Aufgabe weiter.

b) Das sagen die Experten. Ordnen Sie die Erklärungen den Antworten in a) zu.

		Situation	Antwort
1.	Bitte nicht! Man sollte sitzen bleiben, weil die anderen Ruhe brauchen.	2	a
2.	Zu so einem wichtigen Termin darf man nicht zu spät kommen! Das sieht nicht gut aus.	☐	☐
3.	Der Glücksbringer ist Ihnen vielleicht wichtig. Aber Schreibzeug und eine Uhr sind bei einem Auswahltest noch viel wichtiger.	☐	☐
4.	Für Übungsaufgaben ist es jetzt zu spät! Das Buch kann zu Hause auf dem Schreibtisch liegen bleiben.	☐	☐
5.	Gute Idee! Verlieren Sie nicht zu viel Zeit bei einer Aufgabe. Am Ende ist nur wichtig, wie viele Aufgaben Sie gelöst haben.	☐	☐
6.	Richtig. Sagen Sie sich selbst: „Ich schaffe das!" und bleiben Sie ruhig.	☐	☐
7.	Nicht ganz richtig. Zu spät da sein ist nicht in Ordnung. Aber viel zu früh ankommen ist auch nicht gut.	☐	☐
8.	Keine gute Idee. Das Handy muss ausgeschaltet sein. Oft darf man es auch gar nicht in die Prüfung mitnehmen.	☐	☐
9.	Lieber nicht! Er oder sie darf Ihnen gar nicht weiterhelfen.	☐	☐
10.	Richtig. Manchmal steht auch in der Einladung zum Auswahltest, was man noch mitbringen soll.	☐	☐
11.	Richtig! Zu spät ist zu spät. Das sollte bei einem Auswahltest nicht passieren, denn das macht keinen guten Eindruck. Besser man ist ein wenig zu früh da als fünf Minuten zu spät.	☐	☐
12.	Das ist verboten und Sie haben keine Chance mehr. Machen Sie lieber mit der nächsten Aufgabe weiter.	☐	☐

3 Leben in Deutschland

1 Arbeiten in Deutschland?

a) Ordnen Sie die Überschriften den Abschnitten im Online-Ratgeber zu.

a Anerkennung vom Berufsabschluss – b ~~Papiere~~ – c Arbeitssuche – d Bewerbung – e Arbeitsvertrag

http://www.lebeninbrd.de/beratung

Deutschland kennenlernen | **Arbeiten** | Leben | Ausbildung & Lernen

Sie wollen in Deutschland leben und arbeiten? Wir zeigen Ihnen, wie es geht!

1. ....

Sie haben eine gute Ausbildung und möchten den idealen Job finden? Wir zeigen, wie Sie den für Sie richtigen Arbeitgeber finden. Von der Recherche im Internet bis zum Besuch von Jobmessen. mehr

2. *Papiere*

Wie komme ich nach Deutschland? Brauche ich ein Visum und /oder eine Arbeitserlaubnis? Wir erklären Ihnen die wichtigsten Regelungen. mehr

3. ....

Sie haben eine interessante Stelle gefunden? Wie Sie sich in Deutschland am besten bewerben, erklären wir Ihnen hier. mehr

4. ....

Sie haben die Stelle bekommen? Glückwunsch! Jetzt ist der Weg nach Deutschland nicht mehr weit. Aber Sie müssen noch den Arbeitsvertrag unterschreiben. Hier einige Tipps. mehr

5. ....

In vielen Ländern gibt es unterschiedliche Namen für fast gleiche Berufsausbildungen und Studienabschlüsse. Manche Firmen kennen Ihren Abschluss vielleicht nicht. Sie können aber beantragen, dass man Ihren Abschluss anerkennt. Dann haben Sie es leichter. Wie das geht, erklären wir hier. mehr

b) Berufswörter. Lesen Sie noch einmal den Ratgeber und verbinden Sie.

der ideale Job 1
die Jobmesse 2
das Visum 3
der Arbeitsvertrag 4
die Anerkennung 5

a Das ist ein Papier, das die Einreise nach Deutschland erlaubt.
b Das ist ein Papier, das Arbeitgeber und Arbeitnehmer unterschreiben. Danach hat man die Stelle.
c Das ist eine Arbeit, die gut zu einem passt.
d Das ist ein Papier, das sagt, dass man die richtige Ausbildung hat.
e Das ist eine große Messe, die für Firmen, für Schüler/innen und für Arbeitssuchende interessant ist.

2 In Deutschland arbeiten

a) Vier Personen erzählen. Lesen Sie: Zu wem passt welches Foto? Ordnen Sie zu.

1 ☐ **Rafael:** Ich komme aus Spanien und habe in Valladolid Maschinenbau studiert. Eine große deutsche Firma hat an unserer Universität einen Informationstag gemacht. Sie haben gesagt, dass sie Fachkräfte brauchen und was sie alles für uns tun, wenn wir bei ihnen arbeiten. Ich habe mich beworben und heute lebe ich in Ingolstadt. Die Firma hat mir bei der Wohnungssuche geholfen und meinen Deutschkurs bezahlt. Ich verdiene gut, aber meine Familie und meine Freunde fehlen mir.

2 ☐ **Lenja:** Ich habe Mathematik studiert, aber ich konnte mein Studium in Moskau nicht zu Ende machen. Mein Vater hatte einen Unfall und kann nicht mehr arbeiten. Ich habe drei Brüder, die alle noch sehr klein sind. Vor sechs Monaten bin ich nach Berlin gekommen und jetzt arbeite ich als Babysitterin bei einer netten Familie. Ich wohne auch bei ihnen. Das meiste Geld, das ich verdiene, schicke ich zu meiner Mutter nach Hause. Ich hoffe, dass ich bald zurückgehen und weiter studieren kann.

3 ☐ **Brian:** Kennt ihr das Erasmus-Programm? Das ist für Studenten, die ein halbes oder ganzes Jahr im Ausland studieren möchten. Das hat mich sehr interessiert und ich habe mich für Deutschland beworben. Eigentlich wollte ich nach Berlin. Ich studiere Medizin in Nottingham und die Charité ist ein berühmtes Krankenhaus. Aber ich habe einen Platz in Köln bekommen. Die Stadt ist aber auch sehr schön und ich habe schon viele nette Leute kennengelernt.

4 ☐ **Deniz:** Mein Onkel lebt schon sehr lange in Deutschland. Er hat gesagt, dass man hier in Stuttgart gut Geld verdienen kann und hat mich eingeladen. Jetzt arbeite ich in einer Verpackungsfabrik. Die Arbeit ist sehr anstrengend und ziemlich langweilig. Aber ich verdiene gut. Ich spare das Geld, bis ich mir ein Auto kaufen kann. Dann mache ich eine richtige Ausbildung – hier oder in der Türkei. Das weiß ich noch nicht.

b) Lesen Sie noch einmal und sammeln Sie Informationen.

	Woher? (Land)	Wo jetzt?	Welche Arbeit?	Warum?
Rafael	....	....	*als Ingenieur*	*Firma hat Fachkräfte gesucht*
	....	....	....	....
Lenja	....	....	....	....
Brian	....	....	....	....
Deniz	....	....	....	....

10 Feste und Feiern

1 Weihnachten – und das große Schenken

a) Was meinen Sie? Welche Aussagen sind richtig? Kreuzen Sie an.

1. ☐ Am ersten Dezember beginnen die Menschen mit dem Weihnachtseinkauf. 3-4
2. ☐ Nur die Kinder bekommen Weihnachtsgeschenke. ....
3. ☐ Früher haben sich die Kinder noch über Süßigkeiten zu Weihnachten gefreut. ....
4. ☐ Männer freuen sich nicht sehr über Krawatten und Socken. ....
5. ☐ Frauen freuen sich am meisten über Küchengeräte. ....
6. ☐ Die meisten Menschen freuen sich nicht nur über große Geschenke. ....
7. ☐ Weihnachtsgeschenke, die man nicht gut findet, kann man zurückgeben. ....

b) Lesen Sie den Artikel. Überprüfen Sie Ihre Vermutungen aus a) und ordnen Sie die Textzeile(n) zu.

Der Stress mit den Geschenken

Weihnachten ist das wichtigste Familienfest – und auch das Fest mit vielen Geschenken. Schon viele Wochen vorher beginnt das große Einkaufen. Ab Mitte November sind die Einkaufsstraßen für das Fest geschmückt, in vielen Geschäften begrüßen fröhliche Weihnachtsmänner die Kinder, und man hört im Radio und Supermarkt die ganze Zeit Weihnachtslieder. Viele Menschen kaufen jetzt Weihnachtsgeschenke und müssen sich jedes Jahr wieder fragen: Was schenke ich meinen Lieben, die schon alles haben und sich oft auch nichts wünschen?

Bei Kindern ist es oft nicht so schwierig. Sie schreiben gerne lange Wunschzettel an den Weihnachtsmann (auch wenn sie schon wissen, dass die Eltern oder Großeltern die Geschenke kaufen ☺). Diese Weihnachtswünsche können für die Eltern aber auch ein großes Problem sein. Früher haben sich Kinder noch über ein paar Süßigkeiten und neue Socken gefreut, heute wünschen sie sich meistens Handys, Computer oder elektronisches Spielzeug. Viele Haushalte haben nicht genug Geld für so teure Wünsche.

Natürlich sollen sich Weihnachten nicht nur die Kinder freuen. Eine Umfrage untersuchte, welche Weihnachtsgeschenke Erwachsene lieber nicht bekommen möchten. Ganz oben auf der Liste waren bei den Frauen elektronische Küchen- und Haushaltsartikel, und bei den Männern Socken und Krawatten. Kleidung und Körperpflegeartikel waren in beiden Gruppen auch nicht sehr beliebt. Nur drei Prozent Männer und fünf Prozent Frauen sagten, dass sie sich über jedes Geschenk freuen, auch dann, wenn sie es nicht schön finden. Ein anderes Ergebnis zeigte, dass es beim Schenken nicht so wichtig ist, wie teuer das Geschenk war. Die Zeit, die man sich für das Geschenk nimmt, war 72 Prozent viel wichtiger! Weniger als 25 Prozent meinten, dass sie sich besonders über Geschenke, die viel gekostet haben, freuen.

Was soll man aber mit Geschenken machen, die man nicht schön findet oder nicht braucht? Oft kann man sie nach Weihnachten umtauschen. Ohne Kassenzettel ist das aber ein Problem. Viele Menschen in Deutschland verkaufen die Sachen nach Weihnachten im Internet. So bekommen auch unbeliebte Geschenke noch eine zweite Chance!

c) Was passt zusammen? Lesen Sie noch einmal und verbinden Sie.

Bei Geschenken ist	1	a	über jedes Geschenk.
Kinder wünschen sich	2	b	Zeit oft wichtiger als Geld.
Viele Kinder schreiben	3	c	keine beliebten Weihnachtsgeschenke.
Sehr wenige freuen sich	4	d	heute oft sehr teure Geschenke.
Badeschaum oder Parfüm sind	5	e	teure Geschenke besonders gut.
Nur ein Viertel aus der Umfrage finden	6	f	vor Weihnachten lange Wunschzettel.

2 So feiern wir Weihnachten.

27

a) Hören Sie zu. Ordnen Sie jedem Text ein passendes Foto zu.

a ☐

b ☐

c ☐

b) Hören Sie noch einmal und ergänzen Sie die Tabelle.

	Helene Huber	Rainer Marx	Tina Gause
Wo?	zu Hause		
Mit wem?		Araya / Freundin	
Essen?			
Geschenkwunsch?			

c) Wer sagt das? Kreuzen Sie an.

	Helene	Rainer	Tina
1. Im Dezember gehe ich immer mit meiner Freundin auf den Weihnachtsmarkt.	☐	☐	☐
2. Ich singe sehr gerne Weihnachtslieder.	☐	☐	☐
3. So viele Süßigkeiten – das ist nichts für mich.	☐	☐	☐
4. Ich feiere dieses Jahr Weihnachten ohne meine Eltern.	☐	☐	☐
5. Früher habe ich immer mit der ganzen Familie Weihnachten gefeiert.	☐	☐	☐
6. Ich gehe am Heiligen Abend immer in die Kirche.	☐	☐	☐
7. Hier feiert man Weihnachten gern am Strand.	☐	☐	☐
8. Weiße Weihnachten finde ich besonders schön.	☐	☐	☐

3 Feste und Jahreszeiten. Wann feiert man ...? Kreuzen Sie an.

	Weihnachten	Ostern	Stadtfest	Erntefest	Silvester	Weinfest	Karneval	Oktoberfest	Halloween	Valentinstag
1. Frühling	☐	☐	☐	☐	☐	☐	☐	☐	☐	☐
2. Sommer	☐	☐	☐	☐	☐	☐	☐	☐	☐	☐
3. Herbst	☐	☐	☐	☐	☐	☐	☐	☐	☐	☐
4. Winter	☐	☐	☐	☐	☐	☐	☐	☐	☐	☐

4 Drei Feste. Hören Sie zu: Welches Fest ist das? Wenn Sie es wissen, drücken Sie die Pause-Taste und notieren die Lösung. Dann hören Sie weiter.

28

1. ....
2. ....
3. ....

5 Geschenke

a) Wer schenkt wem was? Ergänzen Sie den Merksatz mit den Wörtern am Bild.

.... schenkt .... einen ....

b) Sehen Sie sich die Geschenke an und schreiben Sie Sätze wie im Beispiel.

1. *Die Oma schenkt ihrem Enkel Jan einen Ball.* ....
2. ....
3. ....
4. ....
5. ....
6. ....

6 Dativ oder Akkusativ

a) Markieren Sie wie im Beispiel.

1. Frau Sommer wünscht dem Nachbarn (Dat./Akk.) ein frohes neues Jahr.
2. Hast du die Süßigkeiten (Dat./Akk.) schon gekauft?
3. Ich habe den Osterhasen (Dat./Akk.) noch nie gesehen.
4. Meine Tochter hat den Großeltern (Dat./Akk.) einen schönen Fotokalender gemacht.
5. Heute bereiten wir die Silvesterparty (Dat./Akk.) vor.
6. Schenken wir der Freundin (Dat./Akk.) von Jakob wieder ein Buch?

b) Ersetzen Sie nun die Dativ- und Akkusativergänzungen durch ein Pronomen.

1. Frau Sommer trifft Herrn Moll und wünscht *ihm* ein frohes neues Jahr.
2. Wo sind die Süßigkeiten? Hast du .... schon gekauft? Morgen ist doch Halloween!
3. Du glaubst an den Osterhasen? Ich habe .... noch nie gesehen. Den gibt es gar nicht.
4. Den Großeltern hat das Geschenk gefallen. Meine Tochter hat .... einen Kalender gemacht.
5. Die Silvesterparty ist bei Konstantin. Heute bereiten wir .... vor. Hilfst du uns?
6. Jakobs Freundin hat bald Geburtstag. Schenken wir .... wieder ein Buch?

7 Verben mit Dativ. Ergänzen Sie die passenden Verben.

helfen – gratulieren – schmecken – danken – ~~gehören~~ – gefallen – fehlen

1. Gehört **dir** das rote Auto? Die Farbe .... **mir** wirklich sehr!
2. Wir .... **euch** ganz herzlich zur Hochzeit!
3. Und wer .... **uns** nach der Silvesterparty beim Aufräumen?
4. Mein Weihnachtskuchen .... **euch** nicht, oder?
5. Warum kommst du zu Weihnachten nicht nach Hause? Du .... **uns**!
6. Ich .... **dir** für die schönen Fotos.

8 Präpositionen mit Dativ. Ordnen Sie die Sätze und schreiben Sie nach *aus, bei, mit, nach, von* und *zu* den richtigen Artikel.

Minimemo
bei dem = beim
von dem = vom
zu dem = zum
zu der = zur

1. gestern – du – *der* Frisör – Warst – **bei** – ?

   Warst du gestern beim Frisör?

2. die Gäste – waren – sehr – **nach** – müde – *die* Feier – Am Morgen – .

   Am Morgen ....

3. einen Ring – meiner Freundin – Ich – *der* Valentinstag – schenke – **zu** – .

   ....

4. **bei** – Ich – gestern – *die* Nachbarn von unten – war – .

   ....

5. Johann – jedes Jahr – *seine* Oma – Socken – **von** – bekommt – .

   ....

6. ausziehen – *das* Haus – möchten – morgen – **aus** – Wir – .

   ....

7. uns – Wir – nicht gesehen – **seit** – *die* Umzugsparty – haben – .

   ....

8. du – *der* Weihnachtsmann – wirklich – **mit** – telefoniert – Hast – ?

   ....

9 Eine Kettengeschichte

a) Sehen Sie sich die Fotos an und bringen Sie die Sätze in die richtige Reihenfolge.

- [ ] Ich vergesse mein Geld.
- [1] Es regnet.
- [ ] Ich kann keine Geschenke kaufen.
- [ ] Ich nehme den Bus.
- [ ] Ich gehe ganz schnell aus dem Haus.
- [ ] Ich muss pünktlich an der Haltestelle sein.
- [ ] Ich fahre nicht mit dem Fahrrad in die Stadt.

b) *Wenn …, dann …* Schreiben Sie die Geschichte weiter.

1. Wenn es regnet, dann fahre ich nicht mit dem Fahrrad in die Stadt.
2. Wenn ich nicht mit dem Fahrrad in die Stadt fahre, dann ……………………
3. ……………………
4. ……………………
5. ……………………
6. ……………………

10 Wortschatz Feste feiern. Ordnen Sie jedem Fest mindestens ein Nomen zu.

~~Ei~~ – Tanz – Geschenk – Hase – Sekt – Umzug – Feuerwerk – Kerze – Musik

Ostern: das Ei, ……………………

Kindergeburtstag: ……………………

Erntefest: ……………………

Silvester: ……………………

11 **Wann sagt man das? Kreuzen Sie die richtige Antwort an.**

1. Herzlichen Glückwunsch!

a) ☐ Wenn man sich entschuldigen möchte.
b) ☐ Wenn man jemandem gratuliert.
c) ☐ Wenn jemand gestorben ist.

2. Das tut mir wirklich leid!

a) ☐ Wenn man sich begrüßt.
b) ☐ Wenn man sich entschuldigen möchte.
c) ☐ Wenn man sich lange nicht gesehen hat.

3. Alles Gute!

a) ☐ Wenn man sich (für eine längere Zeit) verabschiedet.
b) ☐ Wenn jemand viel Glück gehabt hat.
c) ☐ Wenn jemand etwas gut gemacht hat.

4. Viel Glück!

a) ☐ Wenn man wütend ist.
b) ☐ Wenn man jemandem helfen möchte.
c) ☐ Wenn jemand sich um eine neue Stelle bewirbt.

5. Gute Besserung!

a) ☐ Wenn man sich verabschiedet.
b) ☐ Wenn jemand schlechte Laune hat.
c) ☐ Wenn jemand krank ist.

6. Viel Erfolg!

a) ☐ Wenn jemand bald eine Prüfung macht.
b) ☐ Wenn es schon seit drei Tagen regnet.
c) ☐ Wenn man Hilfe braucht.

11 Mit allen Sinnen

1 Medienberufe. Wer schminkt eigentlich die Schauspieler?

a) Ordnen Sie den Text.

☐ Petra beginnt mit ihrer Arbeit. Sie ändert die Haarfarbe und Frisur von Anna und schminkt die Schauspielerin, bis sie viel älter und sehr müde aussieht. Dann stehen die Schauspieler vor der Kamera. In dieser Szene erfährt Frau Wagner, dass sie keine Arbeit mehr hat. Das Geschäft muss schließen.

☐ Die Szene in der Arbeitsagentur ist fertig und Petra bereitet die Sachen für den Nachmittag vor. Nach einem schnellen Mittagessen fährt sie mit dem Filmteam zum nächsten Termin ins Stadtzentrum. Der kleine Sohn von Frau Wagner hat da einen schweren Verkehrsunfall.

1 Petras Arbeitstag beginnt wie immer mit dem Arbeitsplan und dem Filmtext. Sie muss genau wissen, welche Szenen der Regisseur für den Tag geplant hat. Nur so kann sie das Aussehen der Schauspieler und Schauspielerinnen richtig vorbereiten.

☐ Petra sieht sich Annas Gesicht sehr genau an: Passen Schminke und Frisur wirklich zu der Szene im Film? Zum Glück ist alles o.k. Der Regisseur ist auch zufrieden. Im nächsten Teil hat Frau Wagner einen Termin bei der Arbeitsagentur. Petra muss Anna schnell eine neue Frisur machen und die Schminke etwas ändern. Frau Wagner muss für den Termin gut aussehen.

☐ Denn das richtige Aussehen der Schauspieler ist Petras Beruf. Sie ist Maskenbildnerin. Heute Morgen kommt zuerst die Schauspielerin Anna zu Petra. Anna hat eine Hauptrolle in dem Film. Sie spielt eine Mutter von vier kleinen Kindern, die sich vom Vater der Kinder getrennt hat. Petra muss aus der fröhlichen jungen Schauspielerin die Mutter „Ruth Wagner" machen.

b) Wie heißt Petras Beruf?

.... : Mit diesem Beruf kann man beim Film oder im Theater arbeiten.

c) Lesen Sie den Text in a) noch einmal. Welche Beschreibung passt am besten zu dem Film? Kreuzen Sie an.

1. ☐ **Alles kein Problem!**
Der kleine Michael liegt im Krankenhaus, weil er einen Unfall hatte. Ein paar Tage später verliert seine Mutter ihre Arbeit und weiß nicht, wie sie die Miete bezahlen soll. Ein Film, der die Zuschauer zum Weinen und zum Lachen bringt.

2. ☐ **Familie Wagner**
Der Film erzählt die Geschichte von Ruth, einer jungen Mutter. Sie hat sich gerade von ihrem Mann getrennt, keine Arbeit und verliert dann bei einem Verkehrsunfall fast ihren jüngsten Sohn. In der Klinik lernt sie den attraktiven Dr. Mertens kennen. Ist am Ende doch wieder alles gut?

3. ☐ **Kinder, Kinder**
Ruth Wagner, 37, lebt alleine mit ihren vier Kindern in einer kleinen Wohnung. Plötzlich verliert sie ihre Arbeit als Maskenbilderin. Auf dem Weg zur Arbeitsagentur hat sie auch noch einen Verkehrsunfall und muss mit schweren Verletzungen ins Krankenhaus. Sie macht sich große Sorgen. Wer bleibt nun bei den Kindern?

2 Emotionen im Film

29

a) Hören Sie die Dialoge. Ordnen Sie jedem Dialog ein Emoticon zu.

Dialog ☐

Dialog ☐

Dialog ☐

Dialog 1

Dialog ☐

b) „Übersetzen" Sie die Emoticons wie im Beispiel.

Dialog 1: Frau Wagner wundert sich.

Dialog 2: Sie ...

Dialog 3: ...

Dialog 4: ...

Dialog 5: ...

3 Textkaraoke Emotionen. **Hören Sie und sprechen Sie die -Rolle. Achten Sie auf die Intonation.**

30

Dialog 1

…

Wie bitte? Wir müssen schließen? Aber das, das kann doch gar nicht sein!

…

Dialog 2

…

Das ist eine Katastrophe! Ich muss mich alleine um meine Kinder kümmern und weiß nicht, wie ich ohne Arbeit die Miete bezahlen soll.

Dialog 3

…

Nur für ein paar Stunden mit Timmi! Das glaube ich jetzt nicht! Du bist doch sein Vater!

Dialog 4

…

Das ist ja toll! Wo denn?

…

Prima. Und die andere Stelle?

…

Das passt mir auch gut. Ich mache gleich die Bewerbungen fertig. Vielen Dank für Ihre Hilfe!

Dialog 5

…

Aus dem Krankenhaus? Was ist denn passiert?

…

Timmi? Ich komme sofort.

4 Das Adlon. Eine Familiensaga

a) Lesen Sie den ersten Teil des Filmtipps und markieren Sie alle Artikel und Nomen im Genitiv. Ergänzen Sie dann die Tabelle.

fernsehen aktuell **38. KW**

Samstag 20:15

Das Adlon. Eine Familiensaga.

Unter dem Titel *Das Adlon. Eine Familiensaga* hat das Zweite Deutsche Fernsehen (ZDF) 2012 einen dreiteiligen Fernsehfilm produziert. Thema des Films ist die spannende Geschichte des Hotels und der Familie Adlon. Dazu haben die Autoren eine weitere Familie erfunden: die Schadts.

Grammatik

	Singular			Plural
Nominativ	der Film	das Hotel	die Familie	
Genitiv	....	....	....	der Filme/Hotels/Familien

b) Lesen Sie weiter und ergänzen Sie die Artikel im Genitiv mit Hilfe der Tabelle aus a).

Berlin 1914. Der Restaurantbesitzer Lorenz Adlon will im Zentrum ..der.. Hauptstadt ein elegantes Hotel bauen. Sein Sohn Louis findet den Plan zu teuer. Zum Glück hat Lorenz Adlon Freunde, die sehr viel Geld haben und ihm helfen. Einer .... Freunde ist der Kaufmann Gustaf Schadt.
Die Familie Schadt spielt im Film neben der Familie Adlon eine wichtige Rolle. Alma ist die einzige Tochter von Gustaf und Ottilie Schadt. Sie erwartet ein Kind. Weil der Vater .... Kindes ein einfacher Mann ohne Geld ist, sind ihre Eltern gegen eine Heirat. Niemand darf etwas von Almas Kind wissen. Deshalb geht sie bald nach der Geburt .... Tochter Sonja mit der Amerikanerin Undine Adams in die USA. Sonja bleibt in Berlin und lebt als Tochter von Gustaf und Ottilie im Haus .... Großeltern.
Als Gustaf Schadt viele Jahre später sehr krank ist, erzählt er Sonja die Wahrheit: Alma ist nicht ihre Schwester – sie ist ihre Mutter!
Nach dem Tod .... Vaters kommt Alma mit Undine und Hedda Berger nach Berlin. Es gibt einen Streit zwischen Mutter und Tochter und Sonja lernt nun endlich ihren richtigen Vater kennen. Im Hotel verliebt sich Louis Adlon in Almas Freundin Hedda ...
Dieser Film bietet Drama, Tragödie und auch Romantik. Er erzählt die Schicksale .... Familien Adlon und Schadt und man sieht viel von der deutschen Geschichte von 1904 bis 1997. Den ersten Teil .... Films zeigt das Zweite Deutsche Fernsehen am Samstag um 20:15 Uhr.

c) Wer ist das? Lesen Sie den Filmtipp noch einmal und ergänzen Sie die Namen.

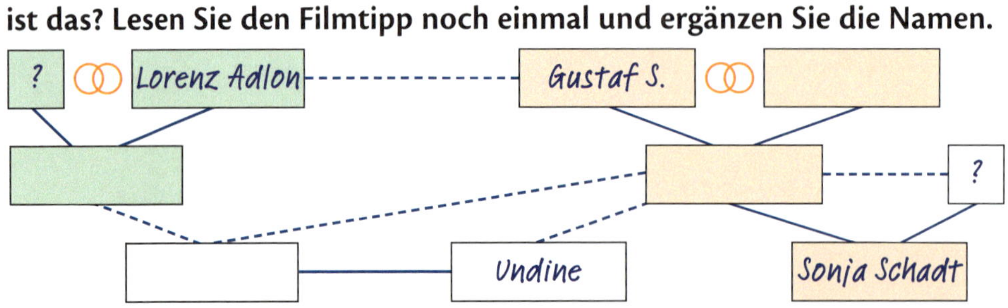

5 Indefinita

a) Markieren Sie Singular (Sg.) oder Plural (Pl.)

1. Mir hat nicht alles (*Sg./Pl.*) gefallen, was ich gestern in der Ausstellung gesehen habe.
2. Hast du heute Abend etwas (*Sg./Pl.*) Zeit für mich? Ich muss mal mit dir reden.
3. Du weißt für alle (*Sg./Pl.*) Probleme immer eine Lösung.
4. Manche (*Sg./Pl.*) Menschen sind nie zufrieden.
5. Meine Freundin hat leider nur wenig (*Sg./Pl.*) Interesse an Sport.
6. Einige (*Sg./Pl.*) Schauspieler aus dem Film kenne ich nicht.
7. Nur wenige (*Sg./Pl.*) Zuschauer interessieren sich für Tierfilme.

b) Ordnen Sie die Indefinita aus a) zu.

Singular: *alles* ....

Plural: ....

6 Was hat der Regisseur geändert?

a) Lesen Sie den Text und machen Sie eine Skizze mit den Änderungen.

Janosch arbeitet beim Film. Er hat die Bühne für eine Szene vorbereitet. Ein rotes Sofa steht unter dem Fenster. Rechts neben dem Sofa steht ein grüner Sessel. Rechts an der Wand steht ein Schreibtisch. An den Wänden hängen viele Bilder und rechts neben dem Schreibtisch hängt ein Spiegel an der Wand. Vor dem Spiegel steht eine Vase und auf dem Boden liegen Zeitungen.

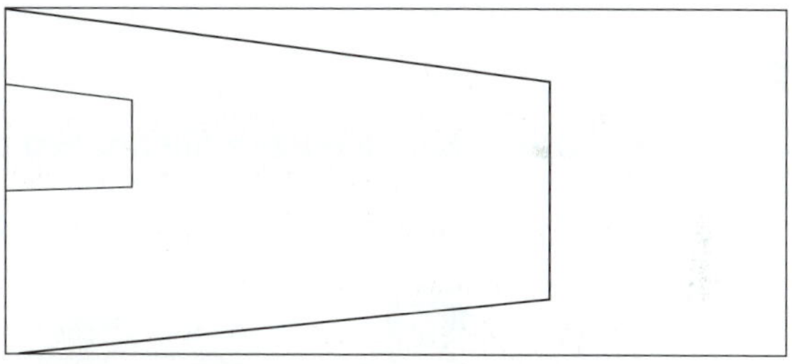

Dem Regisseur gefällt das nicht. Janosch muss alles ändern. Er stellt das rote Sofa an die rechte Wand und hängt den Spiegel links neben das Sofa an die Wand. Die Vase stellt er wieder vor den Spiegel. Der grüne Sessel und das Regal bleiben stehen. Den Schreibtisch stellt er unter das Fenster. Dann legt er noch ein paar Zeitungen auf das Sofa. Jetzt ist der Regisseur zufrieden.

b) Wo oder wohin? Schreiben Sie Fragen wie im Beispiel.

1. *Wo steht das Sofa?* .... Es steht unter dem Fenster.
   Wohin stellt er das Sofa? .... Janosch stellt es an die rechte Wand.
2. .... Er steht an der rechten Wand.
   .... Janosch stellt ihn unter das Fenster.
3. .... Er hängt rechts neben dem Schreibtisch.
   .... Janosch hängt ihn links neben das Sofa.
4. .... Sie liegen auf dem Boden.
   .... Janosch legt ein paar Zeitungen auf das Sofa.

7 **Fernsehabend. Ergänzen Sie in den Dialogen die Präpositionen *in* (3x), *auf* (3x) und *vor* (2x) und die Artikel im Dativ oder Akkusativ.**

1. Was machen wir heute Abend?
   Keine Ahnung. Ich wollte *in der* Fernsehzeitung lesen, was heute im Fernsehen kommt. Aber ich kann sie nicht finden.
   Die Fernsehzeitung? Die habe ich gestern oben .... Fernseher gelegt.
2. Gehst du .... Küche?
   Ja, warum? Brauchst du etwas?
   .... Tisch steht ein Glas mit Apfelsaft. Bringst du mir das bitte mit?
3. Setz dich doch nicht so nah .... Fernseher. Das ist nicht gut für deine Augen.
   Wenn ich nicht so nah .... Fernseher sitze, sehe ich aber nicht so gut.
   Ich sage es ja immer, du brauchst eine Brille!
4. Komm doch mal zu mir .... Sofa und schau mit mir den Film an.
   Danke, den kenne ich schon. Ich bleibe lieber .... Küche und lese noch etwas.

8 **Emotionen ausdrücken**

a) ***Auf* oder *über*? Kreuzen Sie an. Wo passen beide Präpositionen?**

	1. sich ärgern	2. sich freuen	3. wütend sein	4. sauer sein	5. traurig sein
auf	☐	☐	☐	☐	☐
über	☐	☐	☐	☐	☐

b) **Ergänzen Sie Präpositionen und Artikel im Akkusativ.**

1. Ich habe mich .... Geburtstagsgeschenk von dir sehr gefreut. Danke!
2. Ich bin sauer .... kleinen Bruder von Vladim. Er hat meine Kamera kaputt gemacht.
3. Manuela ist wütend .... Nachbarn, weil sie schon wieder eine sehr laute Party feiern.
4. Ärgert ihr euch auch so .... neuen Eintrittspreise im Kino?
5. Wir freuen uns schon .... nächsten Urlaub. Wir fahren nach Kenia.
6. Bist du traurig .... Ende der Fernsehserie?

9 Zwei starke Frauen

31

a) Katerina spricht mit Carlos über Annette Stramel und Judith Harter aus dem Text im Kursbuch, S. 204. Hören Sie das Gespräch und ordnen Sie passende Relativsätze zu.

1. Carlos hat den Text, ☐ noch nicht gelesen.
2. In den Kursen, ☐ sind nicht alle Schüler blind.
3. Ihre Mutter, ☐ hat Judith sehr geholfen.
4. Beim Tanzen sind ihre Füße, ☐ besonders wichtig.
5. Annette kann die Blindenschrift, ☐ lesen.
6. Die Finger, ☐ fühlen die Punkte auf dem Papier.

a) mit denen die Blinden lesen,
b) in der es nur sechs Punkte gibt,
c) mit der sie Lippenlesen gelernt hat,
d) in dem es um zwei starke Frauen geht,
e) mit denen sie dunkle Töne fühlen kann,
f) in denen Annette unterrichtet,

b) Unterstreichen Sie in a) die Relativpronomen.

10 Wer oder was ist das? **Lesen Sie die Aussagen und ordnen Sie das passende Wort zu. Dann schreiben Sie Definitionen mit Relativsätzen wie im Beispiel.**

a Thriller (Pl.)

b Komödien

c das Gesicht

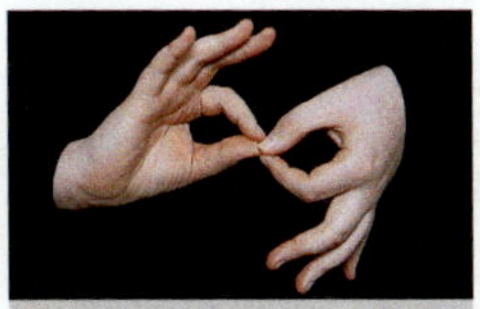
d die Gebärdensprache

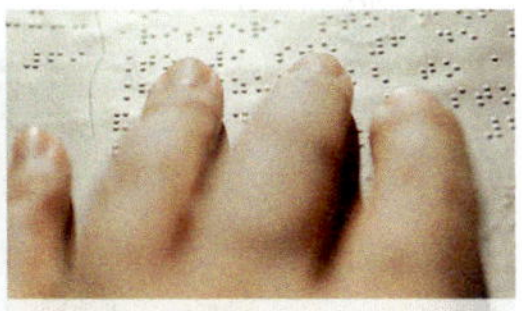
e Braille

1. [c] Ein Körperteil. Mit dem Körperteil zeigen wir Emotionen.
   Das Gesicht ist ein Körperteil, mit dem wir Emotionen zeigen.
2. ☐ Theaterstücke oder Filme. In den Theaterstücken oder Filmen lacht das Publikum viel.
   ....
3. ☐ Eine Sprache. In der Sprache unterhalten sich Gehörlose.
   ....
4. ☐ Eine Schrift. Mit der Schrift lesen und schreiben Blinde.
   ....
5. ☐ Filme. In den Filmen ist die Handlung ganz besonders spannend.
   ....

12 Ideen und Erfindungen

1 Eine tolle Erfindung

a) Sehen Sie sich das Bild an und wählen Sie zwei Fragen aus, die Sie besonders interessieren.

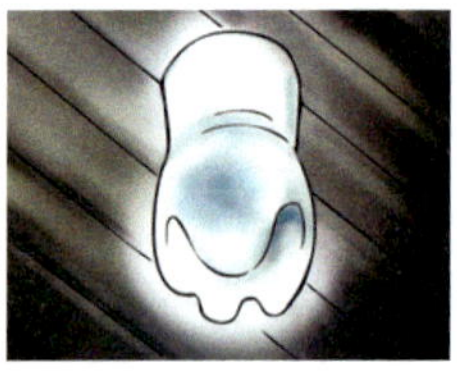

- a ☐ Was ist das?
- b ☐ Wozu braucht man das?
- c ☐ Wie funktioniert die Erfindung?
- d ☐ Was kostet das?
- e ☐ Woher kommt die Idee?

32 **b) Die Erfindung wird im Radio vorgestellt. Hören Sie zu und machen Sie sich Notizen zu den beiden Fragen, die Sie ausgewählt haben.**

....

....

....

32 **c) Lesen Sie die Antworten und hören Sie die Radiosendung noch einmal. Ordnen Sie jeder Frage aus a) eine Antwort zu.**

1. ☐ Ein Fenster.
2. ☐ Fast gar nichts.
3. ☐ Mit Sonne und Wasser.
4. ☐ Es ist leider sehr teuer.
5. [a] Eine Lampe.
6. ☐ Aus Brasilien.
7. ☐ Nur mit Feuer.
8. ☐ Um besser zu sehen.
9. ☐ Um Wasser zu sparen.

d) Ergänzen Sie nun die Textgrafik.

a wird in das Dach geschnitten. – b Diese Lampe kostet nichts! – c wird mit Wasser gefüllt. – d ist bei Sonnenschein hell. – e Wasser in der Flasche. – f wird in die Öffnung gehängt.

1 Eine große Flasche ....

2 Ein rundes Loch ....

3 Die volle Flasche ....

4 Die Sonne scheint auf das ....

5 Ein großer Raum unter der Öffnung ....

6 Das Beste ist: ....

2 Von der Idee zum Produkt

a) Lesen Sie die Internetseite und ordnen Sie den Abschnitten passende Titel zu.

a Werbung und Handel b Die Idee gehört mir! c Schutz und Rechte

http://www.patentundnun.de/

1. ☐ ……………………………………

Manche Menschen haben plötzlich eine tolle Idee für etwas ganz Neues. Andere haben nicht so viel Glück und müssen oft lange nach einer Lösung für ein Problem suchen. Das machen sie alleine oder in großen Forscherteams. Die Entwicklung eines neuen Produkts kostet viel Zeit und oft auch sehr viel Geld. Deshalb möchten viele mit ihrer Erfindung auch Geld verdienen und sie wollen nicht, dass andere ihre Idee kopieren. Wie werden Erfindungen geschützt und wie erfährt man, ob die Erfindung auch wirklich neu ist?

2. ☐ ……………………………………

Wer eine Erfindung gemacht und Interesse an der Produktion und dem Verkauf hat, muss zuerst zum Patentamt gehen. Wenn keine andere Person, Firma oder Institution diese Idee angemeldet hat, sie also wirklich neu ist, wird die Erfindung patentiert: Das Patent schützt die Erfindung und auch die Rechte des Erfinders. Der Erfinder kann nun entscheiden, was mit seiner Erfindung passiert. Wenn er anderen Firmen die Produktion und den Verkauf erlaubt, kann er mit der Erfindung Geld verdienen. Er oder sie kann sie natürlich auch selbst produzieren oder verkaufen.

3. ☐ ……………………………………

Aber für die Produktion und den Verkauf braucht man meistens Geld. Die Erfinder können selbst eine Firma gründen und mit der Produktion beginnen oder ihre Idee an eine andere Firma verkaufen. In Deutschland, Österreich und der Schweiz gibt es jedes Jahr auch internationale Messen für Erfinder. Auf vielen Präsentationen werden dort die neuesten Erfindungen gezeigt und wichtige Kontakte zu Firmen und auch zum Handel hergestellt.

b) Was steht im Text? Was ist neu? Notieren Sie die Zeilennummer(n) oder kreuzen Sie an.

	Zeile	neu
1. Viele Erfindungen sind in der Entwicklung sehr teuer.	4	☐
2. Das Patentamt prüft, ob es die Idee schon gibt.	………	☐
3. Ein internationales Patent kostet mehr als ein nationales.	………	☐
4. Ein Erfinder kann das Recht an seinem Patent verkaufen.	………	☐
5. Die größte Erfindermesse der Welt findet jedes Jahr in Nürnberg statt.	………	☐
6. An den Erfindermessen nehmen auch viele Erfinder aus dem Ausland teil.	………	☐

c) Aus Verben Nomen machen. Ergänzen Sie wie im Beispiel.

1. patentieren	das Patent	5. dauern	………………
2. produzieren	………………	6. erfinden	………………
3. präsentieren	………………	7. verkaufen	………………
4. entwickeln	………………	8. schützen	………………

3 Wozu braucht man das? Schreiben Sie Sätze mit *um … zu …* .

einen Notarzt rufen – ~~Lebensmittel kühlen~~ – Essen kochen – Kaffee kochen – seine Freunde anrufen – die Nachrichten hören

1. Einen Kühlschrank braucht man, um Lebensmittel zu kühlen.
2. Ein Radio ……………………………………………
3. Einen Herd ……………………………………………
4. Die Notrufnummer ……………………………………………
5. Ein Telefon ……………………………………………
6. Eine Kaffeemaschine ……………………………………………

4 Einen Zweck ausdrücken mit *damit.* Formulieren Sie die Sätze aus Aufgabe 4 wie im Beispiel um.

1. Ich brauche einen Kühlschrank, damit ich Lebensmittel kühlen kann.
2. Meine Oma hat ein Radio, ……………………………………………
3. Wir haben uns einen Herd gekauft, ……………………………………………
4. Speichern Sie die Notrufnummer in Ihrem Handy, ……………………………………………
5. Wir haben ein Telefon, ……………………………………………
6. Ich brauche eine neue Kaffeemaschine, ……………………………………………

5 Aspirin für kranke Gummibäume. Ergänzen Sie die Haushaltstipps.

1. *Brot ist wieder ofenfrisch:* Altes und trockenes Brot wird kurze Zeit mit etwas Wasser in ein Tuch gepackt und dann 20 Minuten im Ofen gebacken,
   damit es wieder ofenfrisch ist.

2. *Kaffee bleibt länger frisch:* Kaffee wird in den Kühlschrank gestellt,
   damit …………………………………………… .

3. *Nicht weinen:* Man schneidet Zwiebeln unter kaltem Wasser,
   um …………………… **zu** …………………… .

4. *Dunkle Stellen aus Teetassen entfernen:* Man gibt für ein paar Stunden etwas Backpulver und heißes Wasser in die Teetasse, **um** ……………………
   …………………… **zu** …………………… .

5. *Der Gummibaum wird wieder gesund:* Wenn ein Gummibaum nicht mehr wächst, steckt man eine Aspirin in die Blumenerde,
   damit …………………………………………… .

6. *Rosen sehen länger schön aus:* Man stellt Rosen mit etwas Zucker in warmes Wasser, **damit** …………………………………………… .

6 Wortschatz Zutaten

a) Ergänzen Sie die Wörter im Rätsel. Wie heißt das Lösungswort?

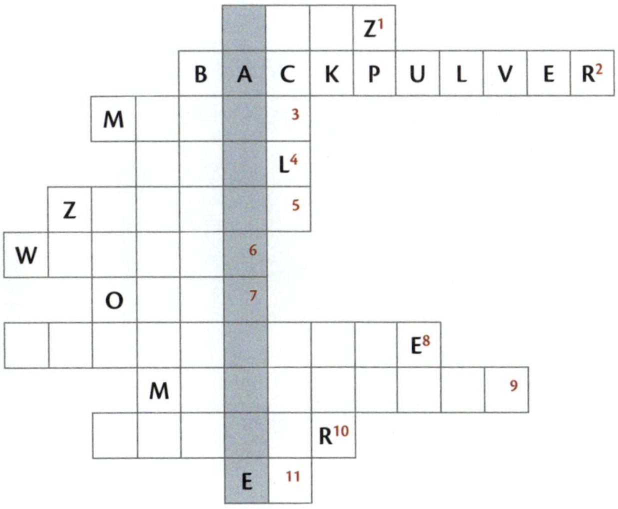

1. Was ist weiß und nicht süß?
2. Was ist weiß und wird gebraucht, damit der Kuchen nicht hart aus dem Ofen kommt?
3. Was ist weiß und wird auch getrunken?
4. Was ist weiß, trocken und wird auch gebraucht, um Brot zu backen?
5. Was ist weiß und sehr süß?
6. Was hat keine Farbe und fast keinen Geschmack?
7. Was ist rot, grün oder gelb und wächst z. B. auf Bäumen?
8. Was ist weiß oder braun, süß oder bitter und bei vielen sehr beliebt?
9. Was ist süß, gelb, rot oder grün und wird aus Früchten gemacht?
10. Was ist weiß und wird auch gern auf Brot gegessen?
11. Was ist innen weiß und gelb?

b) Welche Wörter aus a) passen? Ordnen Sie zu.

1. 250 Gramm ....
2. 1/4 Liter ....
3. 1 Teelöffel ....
4. 2 Tafeln ....

7 Backe, backe Kuchen. Ein altes deutsches Kinderlied

33

a) Hören Sie das Lied und markieren Sie kurze (•) und lange (_) Vokale wie im Beispiel.

* Das ist Fett vom Schwein.
** Das ist ein Gewürz, das die Speisen gelb färbt.
*** gehl = altes Wort für gelb

b) Hören Sie das Lied noch einmal und singen Sie mit.

8 Die Z3 von Konrad Zuse. Passiv im Präteritum

a) Wiederholen Sie die Partizip II-Formen. Ergänzen Sie die Tabelle.

Konrad Zuse
mit seiner Erfindung, der Rechenmaschine Z3.

Die Z3 im Technikmuseum, Berlin

Grammatik

Infinitiv	Partizip II	Infinitiv	Partizip II
entwickeln	....	herstellen	....
zeigen	....	bauen	....
schreiben	....	nennen	....
vorstellen	vorgestellt	erfinden	....

b) Ordnen Sie die Wörter und ergänzen Sie die Sätze im Passiv.

1. in – der Erfinder – von – vorstellen – Konrad Zuse – 12.5.1941– Berlin – am

   Die Z3 wurde am 12.5.1941 von dem Erfinder Konrad Zuse in Berlin vorgestellt.

2. in – bauen – Werkstatt – kleine – eine

   Diese große Maschine zum Rechnen ....

3. nennen – Computer – noch nicht

   Die ersten Rechenmaschinen ....

4. herstellen – 1960 – die Firma Zuse – von

   Das Original ....

5. die Z3 – Montreal – die Weltausstellung – zeigen – auf – in

   Im Jahr 1967 ....

6. Konrad Zuse – entwickeln – von – auch

   Eine der ersten Programmiersprachen ....

7. bis – 1936 – von – von – Konrad Zuse – aufschreiben – 1995

   Alle seine Erfindungen, Patente und Vorlesungen ....
   ....

9 **Passiv mit *werden* oder *wurden*? Ergänzen Sie die Verben im Passiv. Achten Sie auf die Konjugation und die richtige Zeit.**

testen – machen – bringen – überraschen – fragen – ~~herstellen~~ – zeigen

1. Schokolade ...*wird*... aus Kakaobohnen, Milch und Zucker ...*hergestellt*... .
2. .... ihr gestern auch vom Regen ....?
3. Wir .... am nächsten Freitag in Englisch ....
4. .... du heute auch so oft ...., ob du meine Schwester bist?
5. Es .... heute viele Versuche ...., Texte mit Computern zu übersetzen.
6. Jedes Jahr .... auf internationalen Erfindermessen viele Neuheiten ....
7. Ich .... als Kind oft von meinen Eltern zu meiner Oma ....

10 **Gute Idee?**

a) **Wiederholen Sie Relativsätze.**

1. Ich wünsche mir ein Auto. Es kann sehen. *Ich wünsche mir ein Auto, das sehen kann.*
2. Ich möchte ein neues Computerprogramm. Es kann Texte laut vorlesen.
....
3. Ich träume von einer elektrischen Zahnbürste. Sie macht beim Zähneputzen Musik.
....
4. Ich möchte eine Brille. Ich kann mit ihr die Gedanken anderer Menschen lesen.
....
5. Ich wünsche mir Lebensmittelverpackungen. Man kann sie auch essen.
....
6. Ich möchte ein intelligentes Haus. In dem Haus ist die Temperatur immer 22° Celsius.
....
7. Ich denke an ein System. Es beschreibt beim Autofahren den Weg.
....
8. Ich wünsche mir Filme. In den Filmen sieht, hört und riecht man die Handlung.
....

b) **Noch ein Traum oder schon Wirklichkeit? Was meinen Sie? Kreuzen Sie an.**

	1.	2.	3.	4.	5.	6.	7.	8.
Das gibt es schon!	☐	☐	☐	☐	☐	☐	☐	☐

4 Leben in Deutschland

1 Auf Festen essen

a) **Was glauben Sie: Zu welchem Fest wird was gegessen? Ordnen Sie die Spezialitäten den Festen zu. Manchmal gibt es mehrere Möglichkeiten.**

1 Christstollen

2 Zwiebelkuchen mit Federweißer

3 Krapfen –auch Berliner genannt

4 Lebkuchenherzen

5 ein Weckmann

6 Weißwurst mit Brezen

7 Kamelle

8 Karpfen

9 Kartoffelsalat mit Würstchen

10 Paradiesäpfel

11 Fondue

12 Hefezopf

13 Brathendl

Ostern: 12 .... Volksfest ....

Weinfest: .... Karneval: ....

Weihnachten: .... Silvester: ....

b) Lesen Sie den Artikel, markieren Sie alle Spezialitäten und vergleichen Sie mit a). Was können Sie keinem Fest aus a) zuordnen?

Was die Deutschen auf Festen essen

Einige Feste gibt es in vielen Ländern, aber sie werden nicht überall gleich gefeiert. Das sieht man besonders am unterschiedlichen Essen. Hier einige Beispiele, was in Deutschland an den Festtagen auf den Tisch kommt

An Weihnachten darf Süßes nicht fehlen. Traditionell steht – neben Lebkuchen und selbst gemachten Plätzchen – auch ein Christstollen auf dem Tisch. Am Heilig Abend (24. Dezember) wird in vielen Familien eher einfach gegessen. Ein Klassiker ist der Kartoffelsalat mit Würstchen. Früher gab es am 25.12. oft einen Karpfen. Aber heute essen immer mehr Menschen lieber Fleisch.

Den „Karpfen blau" hat man auch gerne zu Silvester gegessen. Heute ist das Fondue am beliebtesten. Da kann man stundenlang zusammen essen und in gemütlicher Runde auf die „Stunde Null" warten. Als Süßigkeit gibt es Krapfen oder Berliner, die man an Silvester in jeder Bäckerei kaufen kann.

Nach der stillen festlichen Zeit im Dezember kommt im Februar der lustige und laute Karneval. In vielen Städten gibt es Umzüge und es werden Bonbons – Kamelle genannt – von den Wagen geworfen. In vielen Regionen isst man auch jetzt Krapfen, aber Vorsicht: Nicht in allen findet man süße Marmelade! Krapfen mit Senf oder Konfetti sind ein beliebter Karnevalsscherz.

Endlich ist Frühling und die Menschen feiern das Osterfest, es gibt natürlich Ostereier und zum festlichen Frühstück auch ein Osterbrot: ein süßer Hefezopf, der einfach mit Butter gegessen wird.

Im Sommer gibt es in fast jeder Stadt ein Volksfest mit einem Jahrmarkt, manchmal auch Kirmes genannt. Kaum ein Kind geht ohne roten Paradiesapfel oder Lebkuchenherz nach Hause.

Das größte Volksfest ist natürlich das Oktoberfest in München. Dort werden jedes Jahr nicht nur Millionen Liter Bier getrunken, sondern auch unzählige Weißwürste und Brathähnchen gegessen. Die Brezel ist immer dabei. Im Herbst gibt es in den Weinregionen Deutschlands aber auch viele Weinfeste. Besonders in der Pfalz ist das die Zeit, in der Zwiebelkuchen mit Federweißer angeboten wird. Was Federweißer ist? Das ist ein junger Wein, der noch nicht so viel Alkohol hat, er wird auch Most genannt. Am 11. November, also in der dunklen Jahreszeit, ist der Martinstag. Da machen die Kinder mit Ihren Laternen einen Umzug und am Ende verteilt „St. Martin" an jedes Kind einen Weckmann.

c) Lesen Sie noch einmal. Richtig oder falsch? Kreuzen Sie an.

	richtig	falsch
1. An Weihnachten werden auch Plätzchen gebacken.	☐	☐
2. Berliner sind nicht sehr süß.	☐	☐
3. An Karneval werden viele Süßigkeiten für die Kinder gekauft.	☐	☐
4. Am Ostersonntag gibt es oft ein großes Frühstück.	☐	☐
5. Auf dem Oktoberfest gibt es zur Weißwurst eine Scheibe Brot.	☐	☐
6. Most ist ein junger Wein.	☐	☐
7. Im November laufen die Kinder mit Taschenlampen durch die Straßen.	☐	☐

2 Was kennen Sie? **Haben Sie schon einmal eine der Spezialitäten probiert? Hat sie Ihnen geschmeckt? Schreiben Sie.**

Ich habe schon einmal ... gegessen. Das war sehr gut. Aber .. habe ich noch nie probiert.

Hörtexte

Hier finden Sie alle Hörtexte, die nicht oder nicht komplett in den Einheiten abgedruckt sind.

Willkommen in A2

3

Text 1: Ich arbeite in einem Büro. In meinem Beruf muss ich oft telefonieren, viele E-Mails schreiben und Termine machen. Ich mag meinen Beruf. Ich muss viel organisieren und das kann ich richtig gut.
Text 2: Ich arbeite in einer Küche. In meinem Beruf muss ich Menüs planen, Lebensmittel bestellen und natürlich kochen. Mein Beruf ist super! Ich liebe Lebensmittel und arbeite auch gerne mit Menschen zusammen.
Text 3: Ich arbeite in einem Fitness-Studio. Ich kontrolliere jeden Tag die Sportgeräte, berate unsere Kunden und leite viele Sportkurse. Ich finde meinen Beruf gut, weil ich selbst auch viel Sport treibe und gerne schwimme.

1 Leben und Lernen in Europa

2 b) und c)

+ Ich warte schon seit einer Stunde. Warum kommst du so spät?
– Weil ich den Bus verpasst habe.
+ Warum hast du den Bus verpasst?
– Weil der Deutschkurs so lange gedauert hat.
+ Warum hat der Deutschkurs so lange gedauert?
– Das ist doch jetzt egal.
+ Und warum hast du nicht angerufen?
– Weil ich deine Telefonnummer nicht hatte.
+ Warum hattest du meine Telefonnummer nicht?
Weil ich mein Handy verloren habe. Und jetzt frag´ bitte nicht, warum!

4 a) und b)

– Also, Esperanza, warum lebst du hier? Du hast doch in Spanien studiert, oder?
+ Ja, ich habe in Spanien Tourismus studiert. An der Uni habe ich auch Deutsch gelernt, weil viele Touristen aus Deutschland, Österreich oder der Schweiz bei uns Urlaub machen. Nach dem Studium habe ich dann ein Praktikum im *Mirasol* gemacht. Das ist ein großes Hotel bei Cádiz. Die Arbeit hat mir sehr gut gefallen und ich hatte Glück: Das Hotel hat eine neue Rezeptionistin gesucht und ich habe die Stelle nach dem Praktikum bekommen. Alles war gut, bis zur Krise. Der Konzern hat das Hotel verkauft und ich habe nach nur einem Jahr meine Arbeit verloren. Das war ein großes Problem. Ich hatte nicht mehr genug Geld für die Miete. Aber zurück in mein Elternhaus? Nein, das war keine Alternative für mich.
– Und was hast du dann gemacht?
+ Naja, im Fernsehen habe ich oft Berichte über Spanier in Deutschland gesehen. Sie haben hier Arbeit gefunden und es geht ihnen gut. Ich habe gedacht, in Deutschland gibt es auch Tourismus und ich kann die Sprache schon. Ich bin dann nach Berlin gekommen und habe hier Arbeit gesucht. Leider habe ich lange nichts gefunden. Im Moment habe ich wenigstens diesen Job als Kellnerin, aber ich fliege bald wieder nach Hause. Ich möchte in meinem Beruf arbeiten und im Sommer kommen wieder viele Touristen nach Spanien. Ich will es noch einmal versuchen. Vielleicht habe ich Glück.
– Das kann ich gut verstehen. Ich möchte auch gerne wieder nach Hause. Der Job hier gefällt mir nicht, die Winter sind so kalt und ich vermisse meine Familie.

5 b)

groß – klein	langweilig – interessant
kurz – lang	schwer – leicht
neu – alt	langsam – schnell
krank – gesund	viel – wenig
billig – teuer	schlecht – gut

10 b)

+ Hallo. Sind Sie neu hier?
– Ja, ich habe vor einer Woche angefangen. Mein Name ist Elena Krawietz.
+ Ich heiße Michael Sommer. Willkommen in der Firma.
– Vielen Dank! In welcher Abteilung arbeiten Sie?
+ Marketing. Ich organisiere den Verkauf in Asien.
– Marketing? Das ist auch meine Abteilung. Ich habe Sie aber noch nie hier gesehen?
+ Ich bin auch erst gestern Abend aus Hong Kong zurück gekommen.
– Das ist ja interessant. Ich muss auch bald viel reisen.
+ Wohin denn?
– Nach Osteuropa. Das ist aber nicht so weit. Sprechen Sie viele Sprachen?
+ Ich spreche Englisch und lerne noch Chinesisch. Und Sie?
– Neben Deutsch spreche ich noch Polnisch, das ist meine Muttersprache, Englisch und Russisch.

2 Familiengeschichten

2

Hallo und willkommen! Hier ist wieder euer Hannes aus Berlin. Wie war euer Wochenende? Ich habe mit meiner Familie den 80. Geburtstag von meinem Opa gefeiert. Er ist der Vater von meinem Vater und lebt bei meinen Eltern. Es gab Kaffee und Kuchen – echt lecker! Natürlich habe ich auch viele Fotos gemacht.
Ein Foto von der Familie finde ich sehr schön. Ich beschreibe es euch mal: Also, ganz hinten links, stehe ich und rechts neben mir, das ist meine Schwester Susanne. Sie hat ihre Tochter Sophie auf dem Arm. Die Kleine ist erst drei Monate alt und richtig süß. Susanne ist Sekretärin in einem Kaufhaus in Hannover und ist bis August in Elternzeit. Rechts neben ihr, also neben Susanne, steht ihr Mann Rolf. Ich finde ihn sehr nett. Er ist so alt wie sie, auch 31, und ist Mechatroniker von Beruf. Er hat eine Werkstatt in der Nähe von Hannover. Und die junge Frau hinten neben Rolf ist meine Schwester Stefanie. Sie ist nur zwei Jahre älter als ich, also 26, und hat nach der Schule eine Ausbildung zur Floristin gemacht. Aber das war nicht das Richtige. Heute ist sie Krankenschwester in der Uniklinik in Münster. Vor Susanne und Rolf stehen meine Eltern. Rechts meine Mutter und mein Vater links neben ihr.

Meine Mutter heißt Monika und ist Hausfrau. Sie passt sehr gerne auf Klein-Sophie auf. Das ist gut, Susanne möchte bald wieder arbeiten. Mein Vater heißt Rainer, er ist Architekt und 59 Jahre alt. Ein paar Jahre muss er noch arbeiten. Vor elf Jahren hatte er einen Unfall. Jetzt darf er keine Baustellen mehr besuchen und arbeitet nur noch am Computer. So kann er oft zu Hause arbeiten und das gefällt ihm ganz gut. Am liebsten arbeitet mein Vater aber im Garten. Sein größtes Hobby sind seine Rosen. Der Mann neben meinem Vater, also der Mann genau vor mir, das ist sein Onkel Heinrich. Das ist Opas Bruder. Er ist 74, Rentner und noch ganz schön fit. Links neben ihm steht seine Frau Elke. Sie ist die Tante von meinem Vater. Und ganz vorne auf dem Stuhl, da sitzt Anton, mein Opa. Ja, das sind schon alle. Mein Vater hat keine Geschwister und seine Mutter, also meine Oma Elisabeth, lebt schon lange nicht mehr.
Zum Geburtstag haben wir meinem Opa eine Reise an die Nordsee geschenkt. Er hat noch nie in seinem Leben Urlaub gemacht! Meine Eltern fahren mit. Alleine kann er das nicht mehr. ... Oh, das sind meine Freunde. Wir wollen noch ins Kino. Ich muss los. Bis zum nächsten Mal. Tschüss.

3 Unterwegs

4

+ Evi, kannst du mir helfen? Ich muss im Februar zu einer Konferenz nach Rom. Deine Mutter meint, dass ich das Ticket am besten online buchen soll.
– Ach Opa, möchtest du wirklich keinen Computerkurs machen? Also gut. Ich helfe dir. Moment.
+ Was machst du denn da?
– Ich starte eine Seite mit billigen Flugangeboten. Alles klar, kann losgehen. Wann musst du denn da sein?
+ Das geht aber schnell. Ach so, ja, am 23. Februar.
– Ab wann soll der Rückflug sein?
+ Auch im Februar. Am 26.
– Ok. Ein Erwachsener, richtig?
+ Ja, ich fliege alleine.
– Also, mal sehen. Hier gibt es einen Flug ab Hamburg um 7:30 Uhr. Was meinst du?
+ Das finde ich zu früh. Ich muss erst abends da sein. Gibt es noch eine spätere Verbindung?
– Ja. Wie wär´s mit 14:30 Uhr? Dann kommst du um 15:55 Uhr in Rom an.
+ Das passt mir gut. Und der Rückflug?
– Also, da gibt es einen am Vormittag um Viertel nach neun und einen am Nachmittag. Sieh mal.
+ Ah ja – der am Nachmittag geht um 16:45 Uhr. Den nehme ich. Dann kann ich noch das Kolosseum besichtigen.
– Also gut. Brauchst du noch ein Hotelzimmer?
+ Nein. Das habe ich schon.
– Also kein Hotelzimmer. Und einen Mietwagen?
+ Einen Mietwagen?
– Ja, möchtest du ein Auto mieten?
+ Ich bin doch nicht verrückt und fahre in Rom mit dem Auto. Ich kenne die Stadt doch gar nicht. Ich nehme lieber ein Taxi.
– Ja, das ist besser. Also gut. Auch „Nein". Willst du den Flug dann so buchen?
+ Ja. Meine Kreditkarte habe ich schon mitgebracht. Die brauchen wir jetzt doch sicher, oder?
– Ja genau. Ich kann dir dein Ticket auch gleich ausdrucken. Soll ich das machen?
+ Das geht auch? Ist ja toll!

9

Also, mal sehen. Eine kurze Hose, zwei Jeans und zwei blaue und ein weißes T-Shirt, der grüne Pullover, drei Paar Socken, die weißen Turnschuhe, ein Schlafanzug, Zahncreme, meine Zahnbürste und noch die Sonnenbrille. Wo ist denn jetzt schon wieder mein blaues Hemd? Ach, das lege ich am besten oben auf die Sachen. So. Die Jacke kommt nicht in den Koffer. Die ziehe ich gleich an. Ja, dann habe ich jetzt alles.

4 Freizeit und Hobbys

2 b) und c)

...
– Hallo Lisa, was gibt's?
...
– Gerne. Wann denn?
...
– Nein, das geht nicht. Mittwochs habe ich um sieben immer Volleyballtraining.
...
– Mal sehen, nein, das ist leider auch nicht so gut. Am Freitagabend bin ich schon um halb acht mit ein paar Leuten aus meinem Fotoclub verabredet.
...
– Moment... Ja, das geht. Also am fünfzehnten um sechs. Das passt mir gut.
...
– Am achten? Mal sehen. Ja, das geht auch. Wo treffen wir uns denn?
...
– Prima. Dann können wir noch zusammen einen Kaffee trinken. Ich lade dich ein.
...
– Tschüss.

9 b)

1. + Na, Mona, ich habe gehört, du hast ein neues Hobby. Wie ist das denn passiert?
   – Ganz einfach. Ich habe verschiedene Anzeigen von Vereinen gelesen. Du weißt ja, dass ich gerne in der Natur bin. Zuerst habe ich gedacht, dass ich mich bei den Naturfreunden melde. Die treffen sich aber immer sonntags schon um halb sechs! Da schlafe ich lieber aus. Und dann habe ich die Anzeige vom Kleingartenverein gesehen. Das hat mich eigentlich schon immer interessiert. Die Leute sind wirklich nett und ich habe jetzt einen schönen kleinen Garten mit ein paar Apfelbäumen und viel Platz für Gemüse.
2. + Hallo Frank. Was machst du denn hier?
   – Ich möchte mir ein Paar gute Wanderschuhe kaufen. Seit zwei Wochen mache ich bei den Naturfreunden mit. Das ist total interessant. Wir treffen uns am Sonntagmorgen und machen Wanderungen. Ich habe sogar schon ein paar seltene Tiere gesehen. Toll, oder?
   + Du wolltest doch einen Tanzkurs machen, oder?
   – Ja, aber das war mir zu teuer. Vielleicht später mal.
3. + Guten Abend, Fatih, gehen Sie noch aus?
   – Guten Abend. Ja, ich gehe heute zu einem Kochtreff. Das mit dem Kleingarten war doch nichts für mich. So ein Garten macht sehr viel Arbeit, wissen Sie?

+ Ja, das habe ich auch schon gedacht. Und jetzt wollen Sie kochen lernen?
– Was heißt lernen? Nein, ich kann schon sehr gut kochen! Ich möchte neue Rezepte ausprobieren.
+ Das hört sich gut an.

4. + Hallo Li, Sie sehen aber gut aus! Gehen Sie aus?
– Guten Abend, Herr Moser. Ich gehe heute zum Tanzen.
+ Ich habe gar nicht gewusst, dass Sie gerne tanzen.
– Naja, ich wollte einfach mal etwas Neues ausprobieren und es macht mir sehr viel Spaß! Ich habe auch schon ein paar sehr nette Leute kennengelernt. Ich muss jetzt aber los.
+ Na dann, viel Spaß!

11 b)

1. + Aua, ich habe mich geschnitten!
– Tut es sehr weh? Zeigen Sie mal.
2. + Iii, in der Küche ist eine Maus!
– Oh nein, ich mag auch keine Mäuse.
3. + Juhu, ich habe gewonnen!
– Toll! Herzlichen Glückwunsch!
4. + Mist, ich kann mein Handy nicht finden.
– Schon wieder? Komm, wir suchen es zusammen.
5. + Oh, sind die schönen Blumen für mich?
– Ja. Freust du dich?

5 Medien im Alltag

4 a) und b)

1. + Äh, entschuldige. Ich bin von Sozio Medium. Hast du ein Smartphone?
– Hi, natürlich habe ich ein Smartphone! Mein Schulweg dauert fast eine Stunde. In der Bahn höre ich meistens Musik, lerne mit meiner Vokabel-App neue Wörter oder chatte mit meinen Freunden. Leider ist die Internetverbindung in der Bahn nicht besonders schnell. Manchmal funktioniert es auch gar nicht. Dann mache ich Hausaufgaben oder lese ein Buch. Meine Freunde spielen oft Videospiele, das finde ich aber langweilig.
2. + Äh, hallo? Guten Tag, Sagen Sie, ich sehe, Sie haben ein Smartphone? Nutzen Sie es jeden Tag?
– Äh ja. Also, ich fahre jeden Morgen mit dem Auto zur Arbeit nach Hamburg. Früher habe ich immer lange im Stau gestanden. Heute nutze ich das Navigationssystem von meinem Smartphone. Das zeigt mir, wo es gerade besonders viel Verkehr gibt. Na ja, ich stehe dann auch oft im Stau, aber jetzt weiß ich, wie lange es noch dauert. Und mit dem Smartphone kann ich im Stau chatten, telefonieren, spielen oder mal schnell die Nachrichten lesen. Und das Navigationssystem von meinem Smartphone zeigt mir auch den Weg zu unseren Kunden – jetzt bin ich fast immer pünktlich.
3. + Guten Tag, ich bin von Sozio Medium. Haben Sie ein Smartphone?
– Hi, klar, was denken Sie denn? Also, ich arbeite bei einer internationalen Medienfirma in Bremen und reise beruflich sehr viel. Ohne Smartphone und Notebook geht da gar nichts! Heute fliege ich zu einem wichtigen Termin nach München. In den Wartezeiten und im Flugzeug kann ich das Treffen vorbereiten, die Präsentation noch einmal ansehen und auch noch ein paar geschäftliche Mails lesen und Antworten schreiben. Leider ist die Internetverbindung unterwegs nicht immer gut. Die Mails schicke ich dann erst später aus dem Büro ab. Das passiert aber nicht oft.
4. + Guten Tag, eine Frage bitte. Haben Sie ein Smartphone?
– Ob ich ein Smartphone habe? Sie meinen so ein Internet-Handy? Nein, aber mein Sohn hat mir zum Geburtstag einen Tablet-Computer geschenkt. Dieses Jahr fahre ich mit der Bahn in den Urlaub an die Ostsee. Mein Sohn meint, dass ich mit dem Tablet Musik hören, Bücher lesen und auch im Internet surfen oder meinen Enkelkindern E-Mails schreiben kann. Ich weiß aber noch nicht, wie das geht. Mein altes Handy nutze ich nur zum Telefonieren – das geht sehr gut. Beim Tablet ist alles neu für mich. Aber ich finde es auch interessant. Nur mit Videospielen fange ich ganz bestimmt nicht mehr an!

6 Ausgehen, Leute treffen

1 c)

1. *Mona*: Ich möchte am Samstag mal so richtig lange mit dir in der Stadt bummeln gehen.
Frank: Na gut, aber ich möchte am Wochenende nicht nur einkaufen! Das Wetter ist viel zu schön! Vielleicht gibt es am Samstag oder Sonntagvormittag ein interessantes Kulturprogramm, das nicht so teuer ist?
2: *Li*: Ich habe für Samstagabend eine Feier für alle Kollegen aus der Firma in einem Restaurant hier in der Nähe organisiert und einen Tisch für 16 Personen reserviert. Unser Chef kommt natürlich auch. Zuerst essen wir schön und dann gibt's Musik zum Tanzen.
3. + Hallo Sven, hier ist Ute. Wie sieht's aus? Ist dein Wochenende schon voll?
– Nein, nicht wirklich. Bis jetzt weiß ich nur, dass ich am Samstagnachmittag mit meinen Freunden vom Stammtisch Karten spiele. Es gibt eine neue Kneipe hier in der Nähe, die wir uns mal ansehen wollen.
+ Prima. Du interessierst dich doch auch für Literatur, oder?
– Ja, warum?
+ Am Freitagabend ist der Autor von *Nachts in Berlin* in der Stadt. Er liest aus seinem letzten Krimi vor.
– Klingt gut. Und wo findet das statt?
+ Das habe ich vergessen. Ich sehe gleich noch mal im Internet nach. Hast du Lust mitzukommen?
– Ja gerne. Rufst du mich dann wieder an?
+ Ja klar, mach ich.

2 a)

1. Man sitzt mit vielen Leuten zusammen und hört zu. Es ist ganz ruhig. Jemand liest etwas vor.
2. Es ist ein Sport. Zwei Spieler stehen an einem Tisch. Über dem Tisch hängt eine Lampe und auf dem Tisch liegen bunte Bälle.
3. Es ist dunkel. Viele Menschen sehen nach vorne. Manche essen oder trinken etwas.
4. Große und kleine Fische schwimmen hinter Glas. Man sieht auch interessante Wasserpflanzen.
5. Viele liegen einfach so im Badeanzug oder in der Badehose auf einem Handtuch im Gras. Andere haben viel Spaß im Wasser.
6. Hier steht auf den meisten Tischen eine Blume. Die Gäste essen oder trinken etwas. Oft hört man leise Musik.

7. „Sein oder nicht sein!" Man hört hier oft berühmte Sätze und sieht Menschen zu, die eine Geschichte spielen.
8. In einer Kneipe trifft sich regelmäßig eine Gruppe von Freunden. Sie trinken etwas, unterhalten sich oder spielen Karten. Sie sitzen meistens an dem gleichen Tisch.
9. An diesem Ort treffen sich viele Menschen, die sich für Sport interessieren. Sie sehen zu, was auf dem Platz passiert. Manchmal singen sie laut im Chor oder pfeifen.
10. Musikfreunde können sich nichts Schöneres vorstellen. Man sucht sich im Programm etwas aus, kauft sich eine Eintrittskarte, setzt sich und hört einfach nur zu.

7 Vom Land in die Stadt

2 b) und 3 b)

\+ Stadt oder Land? Frau Langhans, Sie rufen aus Bonn an. Leben Sie in der Stadt?
– Ja, das ist richtig. Ich bin jetzt 72 und lebe seit 12 Jahren in einer kleinen Wohnung in Bonn.
\+ Heißt das, dass Sie eigentlich vom Land sind?
– Nein, nicht wirklich. Ich komme aus Düsseldorf und bin 1962 mit meiner Familie in ein Dorf zwischen Köln und Bonn gezogen. Da haben wir uns ein Haus mit einem großen Garten gekauft. Das war nicht so teuer wie in der Stadt. Das ruhige Leben und der Wald direkt vor unserer Haustür haben uns und auch den Kindern immer sehr gefallen.
\+ Darf ich Sie fragen, warum Sie heute in einer Stadt wie Bonn leben?
– Naja, ich bin jetzt alleine und sehe nicht mehr so gut. Deshalb darf ich seit fast fünf Jahren nicht mehr Auto fahren. Der Einkauf oder Arztbesuche waren ohne Auto auf dem Dorf ein großes Problem. Die Busverbindungen waren wirklich nicht gut.
\+ Man sagt ja immer, dass auf dem Land jeder jeden kennt. Fehlt Ihnen das nicht in der Stadt?
– Wissen Sie, ich bin da zu Hause, wo meine Familie ist. Mein Sohn lebt auch hier in Bonn. An den Wochenenden kommen meine Enkelkinder zu mir und wir gehen zusammen spazieren oder ein Eis essen. Und ich bin in einem Chor. Da habe ich sehr nette Menschen kennengelernt.
\+ Das Leben in der Stadt gefällt Ihnen also besser?
– Das kann man so nicht sagen. Ich meine, dass das Leben mit kleinen Kindern auf dem Land besser ist. Da gibt es viel mehr Platz zum Spielen und nicht so viel Verkehr. Ich kann die jungen Familien, die heute vom Land in die Stadt ziehen aber auch gut verstehen. In den Dörfern gibt es nicht so viel Arbeit und auch immer weniger Schulen und Einkaufsmöglichkeiten. Das ist nicht mehr so wie früher.
\+ Frau Langhans, ich bedanke mich für das Gespräch.

8 b)

\+ Guten Tag, Frau Müller. Mein Name ist Gumbrecht. Ich habe ihre Anzeige gelesen und möchte gerne wissen, ob die Wohnung noch frei ist.
– Ja, die Wohnung ist noch frei.
\+ Das ist schön! Wissen Sie, ob es in der Nähe einen Park gibt?
– Ja, in nur fünf Minuten ist man im Volkspark.
\+ Mich interessiert noch, ob zu der Wohnung ein Parkplatz gehört.
– Sie können für 80 Euro im Monat einen Parkplatz hinter dem Haus mieten.
\+ Können Sie mir auch sagen, wie hoch die Nebenkosten sind?
– Ich glaube, dass der letzte Mieter 160 Euro im Monat bezahlt hat.
\+ Das ist okay. Dann möchte ich gerne wissen, wann ich die Wohnung besichtigen kann?
– Passt es Ihnen am Freitag um 17 Uhr?
\+ Ja, das passt. Dann komme ich am Freitag in die Goethestraße 11.
– Gerne. Die Wohnung ist im Erdgeschoss.
\+ Vielen Dank! Auf Wiederhören. Bis Freitag.
– Auf Wiederhören, Herr Gumbrecht.

10 b)

\+ Ja, hallo?
– Hallo Bernd. Na, wie war dein Tag?
\+ Hmm, nicht so gut. Ich habe mir die Hand gebrochen und liege gerade auf dem Sofa ...
– Was? Was ist denn passiert?
\+ Das ist eine lange Geschichte.
– Erzähl doch mal.
\+ Also. Ich war gestern bei meinen Eltern. Meine Mutter hat im Garten gearbeitet. Dabei hat sie sich in den Finger geschnitten.
– Deine Mutter? Und was hat das mit deiner Hand zu tun?
\+ Jetzt warte doch mal. Meine Mutter hat sich also in den Finger geschnitten. Ich wollte ihr schnell ein Pflaster aus der Küche holen und habe nicht gesehen, dass die Tür vom Küchenschrank offen war. Da habe ich mich am Kopf gestoßen. Das hat total weh getan. Ich musste mich hinlegen, weil ich mich nicht gut gefühlt habe. Nach drei Stunden hatte ich immer noch starke Kopfschmerzen.
– Das hört sich nicht gut an.
\+ Das hat meine Mutter auch gesagt und ist mit mir zum Arzt gefahren.
– Das war richtig!
\+ Naja, ich wollte eigentlich nicht, aber du kennst ja meine Mutter! Die Ärztin hat sich meinen Kopf angesehen und gesagt, dass es nicht so schlimm ist. Sie hat mir Eis zum Kühlen und eine Tablette gegen die Kopfschmerzen gegeben. Dann konnten wir wieder nach Hause fahren.
– Ja, aber ... wann hast du dir dann die Hand gebrochen?
\+ Na ja, meine Mutter hat sich doch geschnitten und im Flur war noch etwas Blut. Da bin ich hingefallen und habe mir die Hand gebrochen. Tja, ein Unglück kommt selten allein.
– Ja, wirklich, das war kein guter Tag!

8 Kultur erleben

2 c)

\+ Max, Sie sind Kulturjournalist und berichten für eine große Zeitung regelmäßig über kulturelle Veranstaltungen in ganz Deutschland. Besuchen Sie die auch alle?
– Ja, natürlich. Das ist ja das Schöne an meinem Beruf! Ich bin viel unterwegs. Meistens gehe ich zu Veranstaltungen hier in der Region, wie zum Beispiel die Leipziger Buchmesse im März. Da treffe ich Autoren und sehe mir das Verlagsangebot an. Und einmal im Monat sehe ich mir auch eine Veranstaltung an, die weiter entfernt ist. Ich

suche dann oft etwas Besonderes, also nicht immer nur Theater und Oper und so.
+ Gehen Sie denn nicht gerne ins Theater?
– Doch, sicher. Im Juni war ich zum Beispiel auf dem Theaterfestival in Köln. Das kann ich jedem sehr empfehlen. Da treten Theatergruppen aus ganz Europa auf. In diesem Jahr gab es sehr moderne Stücke, Tanztheater und sogar Theater zum Mitmachen.
+ Sie besuchen aber natürlich nicht nur Theaterfestivals. Ich habe zum Beispiel in der Zeitung gelesen, dass der Nationalzirkus aus China im Oktober in Hamburg war. Ich glaube, der Artikel war auch von Ihnen.
– Das ist möglich. Der Nationalzirkus aus China war wirklich toll. Ich war vorher auch noch nie in einem Zirkus ohne Tiere und Clowns und kann mich noch gut an die Show erinnern.
+ Jetzt möchten unsere Zuhörer natürlich gerne von Ihnen wissen, was Ihnen in den letzten Monaten am besten gefallen hat.
– Da muss ich kurz nachdenken. Ich könnte Ihnen ohne Probleme gleich sagen, was mir nicht so gut gefallen hat.
+ Aha? Und was war das?
– Naja, ehrlich gesagt, war ich nicht so gerne auf dem Oktoberfest. Ich bin kein Biertrinker und so viele Menschen, die laute Musik, das mag ich nicht. Das ist einfach nicht meine Sache. Ich war auch nur zur Eröffnung am 19. September da und bin dann gleich wieder weg. Der Artikel war aber gut. Haben Sie ihn gelesen?
+ Nein, habe ich ehrlich gesagt nicht, aber ich finde das Oktoberfest toll und war im September auch in München. Nun aber zurück zu meiner Frage: Was hat Ihnen denn jetzt am besten gefallen?
– Ach so, ja. Ich glaube, das war wieder die Berlinale im Februar. Schauspieler aus der ganzen Welt waren in Berlin und es gab wieder sehr viele tolle Filme im Programm. Da schreibe ich dann natürlich gleich mehrere Artikel.
+ Ja, und das freut dann auch die Leserinnen und Leser. Max, vielen Dank für das Gespräch.
– Gerne.

9 a) und b)

Hallo, da bin ich wieder! Ich war letzte Woche mit dem Motorrad bei meinem Freund Bernd, der in Jena studiert. Ich wollte ihn schon lange mal besuchen und am Sonntag hatte er Geburtstag. Er hat mir von Weimar erzählt. Die Stadt liegt ganz in der Nähe. Da war ich noch nie und am Dienstag bin ich nach Weimar gefahren. Ich wollte mir nur mal kurz die Stadt ansehen und bin dann doch den ganzen Tag in Weimar geblieben, weil es so interessant war.
Der Besuch in Weimar hat sich echt gelohnt! Zuerst habe ich mir das Bauhausmuseum angesehen. Die Ausstellung war nicht besonders groß und ohne Ermäßigung hat der Eintritt vier Euro gekostet. Ganz schön teuer. Ich habe gelesen, dass die Stadt schon ein neues und wohl auch größeres Bauhausmuseum geplant hat.
Die Herzogin Anna Amalia Bibliothek wollte ich natürlich auch besuchen. Aber leider gab es keine Tickets mehr. Schade! Einmal in Weimar, musste ich mir natürlich Goethes Wohnhaus am Frauenplan ansehen. Und das war wirklich interessant! Das ganze Haus ist heute eine Ausstellung. In seinem Arbeitszimmer konnte ich mir seine Bibliothek ansehen. Toll! Was Goethe damals alles schon gemacht hat! In der Ausstellung habe ich gesehen, dass Goethe sich für die Naturwissenschaften interessiert hat und viele Pflanzen und Tiere und sogar die Farben untersucht hat. Danach hatte ich Hunger und bin nicht mehr in Goethes Gartenhaus gegangen. Ich habe lieber eine Thüringer Bratwurst gegessen.
Nach dem Mittagessen habe ich die Hochschule für Musik Franz Liszt besucht. Ihr wisst schon, Franz Liszt, der Komponist der berühmten ungarischen Rhapsodie. Ich bin einfach reingegangen und habe ein paar Studentinnen aus Korea getroffen. Sie haben mir erzählt, dass Liszt auch in Weimar gelebt hat. Sein Haus ist ganz in der Nähe. Das musste ich mir natürlich auch noch ansehen. Ich war sogar in seinem Wohnzimmer und in seinem Schlafzimmer! Und eins ist sicher: Seine Lebensgeschichte ist genauso interessant wie die von Goethe. Wusstet ihr, dass seine Tochter Cosima mit dem Komponisten Richard Wagner verheiratet war? Ich nicht!

9 Arbeitswelten

3 c)

+ Ja, liebe Zuhörer, es ist fünf vor halb zehn. Zeit für „Nachgefragt: fünf Fragen zum Beruf". Heute spreche ich mit Frau Waller. Frau Waller, Sie sind Medizinische Fachangestellte. Wie lange arbeiten Sie schon in dem Beruf?
– Ja, das ist richtig. Ich mach das jetzt schon fast zehn Jahre und es macht mir immer noch viel Spaß.
+ Wie beginnt ein typischer Arbeitstag?
– Naja, das ist eigentlich immer anders. Wir sind ein Team mit drei Mitarbeiterinnen. Meistens bin ich morgens die erste in der Praxis. Ich komme schon kurz vor sieben. Dann schalte ich zuerst den Computer ein und bereite die ersten Termine vor.
+ Ja, da sind wir auch schon bei der nächsten Frage. Welche Aufgaben gehören zu Ihrem Beruf?
– Oh Gott, wo soll ich jetzt anfangen? Also, natürlich helfen wir den Ärzten in der Praxis bei ihrer Arbeit. Die meisten sagen auch heute noch Arzthelferin zu unserem Beruf. Ich habe ja schon gesagt, dass wir im Team arbeiten. Da können die Aufgaben auch mal wechseln. Bei uns in der Praxis hole ich normalerweise die Patienteninformationen bei der Kollegin an der Rezeption ab , bereite die Untersuchungen vor und reinige die medizinischen Geräte. Aber wir haben natürlich auch noch viele andere Aufgaben. Eine Kollegin arbeitet an der Rezeption. Sie sitzt am Computer, führt die Telefonate, vereinbart die Termine und begrüßt die Patienten, die zu uns in die Praxis kommen. Und die dritte Kollegin kümmert sich in erster Linie um die Abrechnungen mit den Krankenversicherungen und schreibt auch die Rechnungen für Privatpatienten.
+ Was gefällt Ihnen an dem Beruf am besten?
– Der Kontakt zu den Patienten. Manche kenne ich schon sehr lange. Wenn jemand krank war und dann wieder gesund ist, weil wir ihm oder ihr helfen konnten, freue ich mich immer.
+ Das kann ich mir vorstellen. Frau Waller, vielen Dank für das Gespräch.

10 b)

+ Rieger Baumaschinen, Boll am Apparat. Was kann ich für Sie tun?
– Guten Morgen. Mein Name ist Öttinger. Ich bin von der Firma Müller und habe heute Nachmittag einen Termin mit Herrn Meininger.

+ Das ist richtig. Ihr Termin ist um 15 Uhr.
– Ja, leider muss ich absagen, weil ich geschäftlich dringend nach Wien muss.
+ Kein Problem, Herr Öttinger. Möchten Sie einen neuen Termin machen?
– Gerne. Geht es nächsten Monat, zum Beispiel am zwölften April um die gleiche Zeit?
+ Moment, da muss ich nachsehen. Das ist ein Donnerstag. Ja, das geht.
– Gut. Vielen Dank. Und einen schönen Gruß an Herrn Meininger. Auf Wiederhören!
+ Auf Wiederhören, Herr Öttinger.

10 Feste und Feiern

2

1. Früher habe ich mit meinem Mann und meiner Tochter gefeiert. Wir haben schon zwei Wochen vor Weihnachten Plätzchen gebacken. Eigentlich esse ich nicht gerne Süßigkeiten, aber mein Mann und meine Tochter haben sich immer sehr darüber gefreut. Werner lebt seit drei Jahren nicht mehr und meine Tochter macht dieses Jahr über die Weihnachtstage mit ihrer Familie Skiurlaub in den Alpen. Ich habe mir ein schönes Familienfoto von ihnen gewünscht. Ich habe ja schon alles, was ich brauche. Naja, und nun feiere ich zum ersten Mal alleine in meiner Wohnung. Wie immer gibt es Würstchen mit Kartoffelsalat, dann höre ich noch ein paar Weihnachtslieder und gehe früh ins Bett. Aber die Silvesterfeier ist dann dieses Jahr hier bei mir! Dann sind alle wieder da.
2. Weihnachten ist für mich etwas ganz Besonderes, seit ich Araya kennengelernt habe. Das war vor zwei Jahren. Sie kommt aus Thailand und für sie ist das alles immer noch neu. In der Adventszeit gehen wir zusammen auf den Weihnachtsmarkt und machen es uns zu Hause gemütlich. Manchmal singen wir auch zusammen Weihnachtslieder. Am Heiligen Abend kocht Araya dieses Jahr ein Fischgericht aus ihrer Heimat und nach dem Essen gibt es dann die Geschenke. Sie bekommt von mir eine Armbanduhr. Ich habe mir einen ganz bestimmten Pullover gewünscht. Mal sehen, ob sie ihn mir schenkt. Naja, und dann gehen wir um 22 Uhr in die Kirche. Das habe ich schon immer gemacht und Araya findet es auch richtig romantisch. Hier in Rosenheim liegt zu Weihnachten oft Schnee. Dann ist es draußen sehr leise und nachts sieht alles besonders festlich aus.
3. Eigentlich habe ich Weihnachten immer zusammen mit meinen Eltern und Geschwistern gefeiert. Aber jetzt bin ich seit September als Au-Pair in den USA. Meine amerikanische Familie ist sehr nett. Sie machen Weihnachten immer Urlaub am Strand in Kalifornien und haben mich auch eingeladen. Aber dann haben meine Brüder gesagt, dass sie mich hier in Seattle mit ihren Freundinnen besuchen wollen. Zum Glück ist das für meine Gastfamilie kein Problem. Sie fahren in Urlaub und wir können hier in ihrem Haus feiern. Wir kochen zusammen Spaghetti, singen Weihnachtslieder – das finde ich immer toll! – und gehen dann noch auf eine Weihnachtsparty. Ach ja, ich habe mir von ihnen Bücher gewünscht.

4

1. – Dieses Fest ist immer im Frühling. Die Kinder freuen sich, weil sie Schokoladeneier bekommen. Aber viele glauben schon im Kindergartenalter nicht mehr, dass ein ganz besonderer Hase die bunten Eier bringt.
   Klar, das ist Ostern, die bunten Eier heißen Ostereier und der Hase ist der Osterhase.
2. – Dieses Fest ist immer im Winter. Wenn es draußen kalt und lange dunkel ist, geht das Jahr langsam zu Ende. Das feiern viele Menschen mit Sekt und Feuerwerk und überall finden Silvesterpartys statt.
3. – Der Winter ist nun schon fast vorbei. Die Tage sind schon wieder etwas heller und in den Straßen ist es heute bunt und laut. An diesem Tag ist der Chef Supermann, die Nachbarin der Osterhase und ihre Kinder sind Cowboy und Clown. Natürlich haben sie sich nur so verkleidet, weil Karneval ist.

11 Mit allen Sinnen

2 a) und 3

Dialog 1:
+ Frau Wagner, ich muss Ihnen leider sagen, dass ich das Geschäft im Juli schließen muss.
– Wie bitte? Wir müssen schließen? Aber das, das kann doch gar nicht sein!
+ Doch, so ist es leider. Meine Frau ist sehr krank, ich bin schon alt und wir haben in den letzten Monaten einfach nicht genug verkauft. Die Probleme kennen Sie ja.

Dialog 2:
+ Ach Kind, nun mach dir mal nicht so viele Sorgen. Ich bin ja auch noch da. Und du bist eine gute Verkäuferin. Du findest bestimmt bald wieder Arbeit. Hast du schon einen Termin bei der Arbeitsagentur gemacht?
– Das ist eine Katastrophe! Ich muss mich alleine um meine Kinder kümmern und weiß nicht, wie ich ohne Arbeit die Miete bezahlen soll.

Dialog 3:
+ Ich sehe aber keine andere Lösung. Ich kann mir keinen Urlaub mehr nehmen und außerdem möchte ich für die paar Stunden mit Timmi keine sechzig Kilometer mit dem Auto fahren! Die sollen dir bei der Arbeitsagentur einen anderen Termin geben.
+ Nur für ein paar Stunden mit Timmi? Das glaube ich jetzt nicht! Du bist doch sein Vater!

Dialog 4:
+ Ja, Frau Wagner, Sie haben Glück! Ich kann Ihnen gleich zwei neue Stellen anbieten.
– Das ist ja toll! Wo denn?
+ Eine ist gleich bei Ihnen um die Ecke, Getränkemarkt Hülsmann. Da können Sie schon im August anfangen.
– Prima. Und die andere Stelle?
+ Die ist in einem Supermarkt in der Poststraße. Es ist aber nur eine halbe Stelle, immer vormittags.
– Das passt mir auch gut. Ich mache gleich die Bewerbungen fertig. Vielen Dank für Ihre Hilfe!

Dialog 5:
+ Frau Wagner, hier spricht Dr. Mertens. Ich rufe Sie aus dem Krankenhaus an.
– Aus dem Krankenhaus? Was ist denn passiert?
+ Bitte bleiben Sie ruhig. Ihr Sohn Timmi hatte einen Unfall.
– Timmi? Ich komme sofort.

9 a)

+ Hast du den Text über Annette Stramel und Judith Harter schon gelesen?
– Nein, noch nicht.
+ Den musst du unbedingt lesen. Der ist total interessant!
– Warum?
+ Naja, es geht um zwei starke Frauen. Die eine Frau ist blind und arbeitet als Deutschlehrerin für Blinde und Sehende. Die andere ist gehörlos. Sie ist Industriekauffrau von Beruf und tanzt sehr gerne. Sie hat sogar in der Volkshochschule einen Tanzkurs gemacht! Kannst du dir das vorstellen?
– Sie kann tanzen? Wie macht sie das denn, wenn sie nicht hören kann?
+ Sie beobachtet die anderen und kann die dunklen Töne der Musik mit den Füßen fühlen.
– Toll! Aber wie versteht sie denn die Menschen, wenn sie sprechen?
+ Sie kann zwar nicht hören, aber sie kann von den Lippen ablesen. So hat sie als Kind auch Lesen und Schreiben gelernt. Ihre Mutter hat ihr geholfen.
– Und wie macht die Deutschlehrerin das? Ich meine Lesen und Schreiben.
+ Sie kann die Blindenschrift. Das ist eine ganz besondere Schrift, die aus sechs Punkten besteht.
– Eine Schrift aus sechs Punkten? Aber wie kann sie die Punkte denn sehen?
+ Das macht sie mit ihren Fingern. Die Punkte kann man auf dem Papier fühlen, wenn man das gelernt hat.
– Das ist ja interessant. Mit den Füßen Töne hören und mit den Fingern lesen. Das kann wirklich nicht jeder!

12 Ideen und Erfindungen

1 b) und c)

+ Willkommen liebe Zuhörer, bei *Gute Idee*! Heute möchte ich Ihnen eine geniale Erfindung vorstellen. Sie ist so einfach, dass ich mich frage: Warum gibt es das nicht schon lange? Wie sie wissen, gibt es auf der ganzen Welt noch viele Regionen, in denen die Menschen nicht so bequem leben wie wir. Weil sie nicht viel oder gar kein Geld haben, bauen sie ihre einfachen Häuser meistens selbst. Manchmal haben diese Häuser nicht einmal Fenster oder sie stehen sehr nah nebeneinander. So ist es in den Zimmern sehr dunkel. Öllampen sind gefährlich und Strom gibt es nicht, oder er ist zu teuer. Seit der Erfindung dieser besonderen Lampe kann man am Tag völlig gratis– ein großes Dankeschön an die Sonne! - auch in dunklen Räumen besser sehen. Meine Frage lautet nun: Wie funktioniert die Lampe? Wenn Sie es wissen, rufen Sie an unter 030 für Berlin, 777888 und gewinnen Sie eine Gute-Idee-CD.
  Und hier ist auch schon der erste Anruf. Guten Tag. Mit wem spreche ich?
– Mit Anja.
+ Hallo Anja, Sie wissen, wie die Lampe funktioniert?
– Ja, ich war letztes Jahr in Manila und habe da solche Lampen gesehen.
+ Interessant. Können Sie uns auch erklären, wie das geht?
– Ganz einfach. Man nimmt eine große leere Flasche, füllt sie mit Wasser, schließt die Flasche wieder und hängt sie dann in eine passende Öffnung im Dach. Wenn die Sonne auf das Wasser in der Flasche scheint, wird ein großer Teil des Raums unter der Öffnung hell. Wie gesagt, ganz einfach.
+ Ihre Antwort ist korrekt. Wissen Sie vielleicht auch noch, wer diese Erfindung gemacht hat?
– Nein, den Namen des Erfinders kenne ich nicht, aber ich glaube, die Idee kommt aus Brasilien.
+ Stimmt auch. Vielen Dank, Anja! Ihre Adresse haben wir ja schon. Sie bekommen dann in den nächsten Tagen Post von mir.
– Schön. Das freut mich!
+ So, jetzt wissen wir, wie es geht. Wir verabschieden uns mit etwas Musik und sagen: Bis zum nächsten Mal bei *Gute Idee*!

Bildquellenverzeichnis

Cover Robert Nadolny, Grafikdesign – **S. 4** *oben links* Fotolia / lipowski; *oben Mitte* Fotolia / Andrey Popov; *oben rechts* Fotolia / lightpoet – **S. 6** *oben links* ©Agentur für Arbeit; *Mitte* shutterstock / Alexander Raths – **S. 9** *oben rechts* Fotolia / Syda Productions; *(1)* Fotolia / Luigi Panico; *(2)* Fotolia / lipowski; *(3)* Fotolia / Artalis; *(4)* Shutterstock / symbiot; *(5)* Fotolia / tutye – **S. 10** *(1)* shutterstock / IVY PHOTOS; *(2)* shutterstock / Sorbis ; *Mitte rechts* Shutterstock / Stokkete; *unten links* Shutterstock / mimagephotography – **S. 11** *(1)* Fotolia / Smileus; *(2)* shutterstock / Destinyweddinstudio; *(3)* Fotolia / @nt; *(4)* Fotolia / Brian Jackson; *(5)* Fotolia / goldbany; *(6)* Fotolia / imaGo - Martin R. – **S. 12** *oben rechts* Shutterstock / amahuron; *Mitte links* Fotolia / akf – **S. 16** Fotolia / Syda Productions – **S. 17** *(1)* Fotolia / Jürgen Fälchle; *(2)* Shutterstock / Gladskikh Tatiana; *(3)* Shutterstock / Max Topchii; *(4)* Shutterstock / LiiKar; *(5)* Shutterstock / Valua Vitaly – **S. 18** *oben rechts* Fotolia / Nagel's Blickwinkel; *Mitte rechts* Fotolia / Petra Beerhalter – **S. 19** *oben links* Fotolia / Michael Schindler; *unten links* Fotolia / Wavebreakmedia Micro – **S. 20** *Mitte links* Shutterstock / PathDoc; *unten links* Shutterstock / Artens – **S. 24** *(a)* Fotolia / JackF; *(b)* Shutterstock / Vitalinka; *(c)* Fotolia / Kzenon; *(d)* Fotolia / Kzenon; *(e)* Fotolia / gradt – **S. 25** *(alle)* Fotolia / eyetronic – **S. 26** *(a)* Fotolia / clown business; *(b)* Shutterstock / soosh; *(c)* Shutterstock / Dean Drobot; *(d)* Shutterstock / Petr Malyshev – **S. 29** Fotolia / Andrey Popov – **S. 30** *(B)* Shutterstock / Claire McAdams; *(C)* Fotolia / lom123; *(F)* Fotolia / Smileus – **S. 33** *(1)* Fotolia / Jürgen Fälchle; *(2)* Shutterstock / Gladskikh Tatiana; *(3)* Shutterstock / Valua Vitaly; *(4)* Shutterstock / Max Topchii; *(5)* Shutterstock / Jacek Chabraszewski; *unten rechts* Shutterstock / eldar nurkovic – **S. 34** Shutterstock / Pixel Embargo – **S. 35** Shutterstock / Kaspars Grinvalds – **S. 37** *oben links* Shutterstock / Frank Fiedler; *unten rechts* Shutterstock / Callahan; *unten rechts* (Hose) Shutterstock / Karkas – **S. 38** *(a)* Fotolia / Jens Brueggemann aka ikonoklast_hh; *(b)* shutterstock / sumkinn; *(c)* Fotolia / Rainer Ksobiak; *(d)* Fotolia / Ch.Allg; *(e)* shutterstock / Alejandro J. de Parga – **S. 40** *oben rechts* Shutterstock / Geothea; *Mitte rechts* Fotolia / rcfotostock – **S. 40** Fotolia / Doris Oberfrank-List – **S. 41** Fotolia / Hunor Kristo – **S. 44** (Frau *links*) Shutterstock / Sheftsoff Women Girls; (Mann *links*) Shutterstock / Ollyy; (Frau *rechts*) Shutterstock / Refat; (Mann *rechts*) Shutterstock / Alberto Zornetta; *(a)* Fotolia / Visions-AD; *(b)* Fotolia / XtravaganT; *(c)* Shutterstock / Anton_Ivanov; *(d)* Fotolia /Gabriele Rohde – **S. 49** Fotolia / Kzenon – **S. 51** *links*: v.o.n.u. Fotolia / fefufoto; Fotolia / v. poth; Fotolia / Pascal Huot; Fotolia / Gina Sanders; (Löffel) Shutterstock / kritskaya; (Tabletten) Fotolia / Lion1st; *rechts*: *v.o.n.u.* Fotolia / eyetronic; Fotolia / Dan Race; Fotolia / PixelPower; Fotolia / euthymia – **S. 52** *v.o.n.u.* Fotolia / Matej Kastelic; Fotolia / Siberia; Fotolia / Thaut Images; Fotolia / mitifoto; Fotolia / travelpeter – **S. 53** *Mitte links* Fotolia / furtseff; *Mitte* Fotolia / mark_hubskyi; *Mitte rechts* Shutterstock / Guryanov Andrey – **S. 56** dpa-Picture Alliance, Lyonel Feininger, VG Bild-Kunst – **S. 57** Shutterstock / Uwe Bumann – **S. 58** *Mitte* Shutterstock / spinetta; *oben rechts* ©Agentur für Arbeit – **S. 59** Fotoleiste *v.l.n.r.* Shutterstock, Visionsi; Fotolia, contrastwerkstatt; Fotolia, Karin & Uwe Annas; Clip Dealer, Erwin Wodicka; Fotolia, Minerva Studio; Clip Dealer, Alexander Raths; Fotolia, industrieblick; *unten rechts* Shutterstock / Kzenon – **S. 60** Fotolia / Daniel Ernst – **S. 62** *Mitte links* Fotolia / Janina Dierks; *unten rechts* Fotolia / digitalefotografien – **S. 63** Fotolia / Kzenon – **S. 64** *oben links* Fotolia / Kurhan; *(3)* Shutterstock / microvector; *(4)* Fotolia / Rido; *(5)* Fotolia / fotomek – **S. 65** *v.l.n.r.* Shutterstock / bikeriderlondon; Fotolia / Igor Mojzes; Shutterstock / Julia Kuznetsova; Fotolia / industrieblick – **S. 66** Fotolia / Carola Schubbel – **S. 67** *(a)* Shutterstock / CandyBox Images; *(b)* Shutterstock / dbdavidova; *(c)* Fotolia / drubig-photo – **S. 68** Fotolia / Schulz-Design – **S. 70** *(1)* Shutterstock / Concept Photo; *(2)* Shutterstock / Lolo Stock; *(3)* Fotolia / pure-life-pictures; *(4)* Fotolia / B. Wylezich; *(5)* Shutterstock / alexkatkov; *(6)* Shutterstock / Denis Belyaevskiy; *(7)* Shutterstock / Cloud7Days – **S. 71** *oben rechts* Fotolia / Cora Müller; *Mitte rechts* Fotolia / Marco2811 – **S. 72** *oben links* und *oben Mitte* Fotolia / bilderstoeckchen; *oben rechts* Fotolia / Sinnlichtarts – **S. 74** Mathias Bothor / photoselection – **S. 76** Shutterstock / Peter Bernik – **S. 77** *v.l.n.r.* Shutterstock / Oleg Golovnev; Shutterstock / mamanamsai; Fotolia / Syda Productions; Shutterstock / Matt Antonio; Fotolia / blackboard1965 – **S. 78** Shutterstock / Studio Barcelona – **S. 79** Fotolia / rdnzl – **S. 81** Fotolia / valeribird – **S. 82** *oben links* Shutterstock / Bildagentur Zoonar GmbH; *oben rechts* Shutterstock / 360b – **S. 84** *(1)* Fotolia / karepa; *(2)* Fotolia / Karina Baumgart; *(3)* Fotolia / racamani; *(4)* Fotolia / Fotimmz; *(5)* Fotolia / exclusive-design; *(6)* Fotolia / Floydine; *(7)* Fotolia / E. Schittenhelm; *(8)* Fotolia / mallivan; *(9)* Fotolia / ExQuisine; *(10)* Fotolia / Schulz-Design; *(11)* Fotolia / enzo4; *(12)* Shutterstock / Irina Meliukh, *(13)* Fotolia / diamant24

CD-Inhalt

Auf dieser CD finden Sie alle Hörtexte zum Intensivtraining.